本书是江西省社会科学规划项目"江西地方高校人才资本对区域经济增长的贡献率研究"（16JY21）研究成果

中国中部人口发展报告

（2020）

Annual Report on Population
Development of Central China（2020）

钟无涯　主编

中国财经出版传媒集团
经济科学出版社
Economic Science Press

图书在版编目（CIP）数据

中国中部人口发展报告.2020/钟无涯主编.—北京：经济科学出版社，2020.8

ISBN 978 - 7 - 5218 - 1803 - 1

Ⅰ.①中…　Ⅱ.①钟…　Ⅲ.①人口 - 研究报告 - 中国 - 2020　Ⅳ.①C924.24

中国版本图书馆 CIP 数据核字（2020）第 156840 号

责任编辑：宋　涛
责任校对：杨　海
责任印制：李　鹏　范　艳

中国中部人口发展报告（2020）

钟无涯　主编

经济科学出版社出版、发行　新华书店经销
社址：北京市海淀区阜成路甲 28 号　邮编：100142
总编部电话：010 - 88191217　发行部电话：010 - 88191522
网址：www. esp. com. cn
电子邮箱：esp@ esp. com. cn
天猫网店：经济科学出版社旗舰店
网址：http://jjkxcbs. tmall. com
北京季蜂印刷有限公司印装
710 × 1000　16 开　11.5 印张　200000 字
2020 年 10 月第 1 版　2020 年 10 月第 1 次印刷
ISBN 978 - 7 - 5218 - 1803 - 1　定价：48.00 元
（图书出现印装问题，本社负责调换。电话：010 - 88191510）
（版权所有　侵权必究　打击盗版　举报热线：010 - 88191661
QQ：2242791300　营销中心电话：010 - 88191537
电子邮箱：dbts@ esp. com. cn）

前　　言

　　《中国中部人口发展报告（2020）》是教育部人文社会科学重点研究基地南昌大学中国中部经济社会发展研究中心组织编写的一部以"人口发展"为核心的连续性研究报告。主要包括三个部分，分别是宏观篇：我国人口发展动态；中观篇：中部人口发展动态；专题篇："抗疫"与人口发展。

　　"宏观篇：我国人口发展动态"跳出"中部地区"的空间束缚，选择更宏观的世界人口发展和全国人口发展的动态视角，客观定位世界范围内我国人口发展现状。具体包括中国人口在全球人口发展中的规模变化、我国的区域人口集聚趋势、老龄化发展现状以及我国具体的人口结构变化趋势等，都可以在本部分获得基于最新统计数据支撑的客观分析。

　　"中观篇：中部人口发展动态"立足中部地区，围绕"人口发展"问题，通过中部人口发展概况、中部人口发展趋势、新型城镇化和中部人口发展三个部分，较细致地剖析中部人口的现状、趋势和问题。虽然分析单元主要集中在"省"，但部分研究也深入到省会层面，如"扩张：城市群崛起"等问题。事实上，当前人口问题和城乡发展等区域问题不可分割，围绕"就业""产业""城市"等问题分析人口，也是近年人口发展研究的重要范式。

　　"专题篇："抗疫"与人口发展"包括两个部分，分别是"中部崛起：省会城市现状、问题与南昌发展对策"和"全球抗疫：江西省经济社会发展的问题、思路与对策"。无论是社会资源还是经济发展，包括人口聚集程度，中部地区省会都是所在省最强势城市，这与广东、福建、江苏等省的省会城市截然不同。从逻辑上看，以"就业"驱动"人口流动"是具有联动价值的城镇化路径。从省会城市的增长极视角探析人口发展问题，是本专题的主要研究思路。

课题组在研究过程中，查阅、比较和选取了大量数据。除特别说明外，本书中所采用的数据都来自国家统计局、各省市统计局发布的相应年份统计年鉴、统计公报，也有部分数据来自世界银行（https：//www. worldbank. org/）、北京福卡斯特信息技术有限公司数据库（EPS，http：//www. epsnet. com. cn）。书中各类图表等，如无特殊说明，主要由课题组基于原始数据绘制。

目　　录

第三部分　专题篇："抗疫"与人口发展

第一部分

宏观篇：我国人口发展动态

　　2020 年距离我国推行"全面二孩"已过去 5 年，数据显示我国人口出生率处于下降通道，目前尚非底点。人口发展的客观规律很大程度上受物质基础、人文环境、政策规制等影响，因其长周期性质导致人口政策试错成本极其高昂。深刻认识人口发展规律，合理利用人口发展规律，契合社会发展阶段尤其重要。我国推行"人口均衡发展"政策，是结合社会发展现实和人口发展规律的科学人口发展观。本部分主要基于公开统计数据，借鉴世界人口发展案例，梳理我国当前人口发展趋势；结合近年来我国人口结构发生的相应变化，对我国人口性别结构、年龄结构、城乡结构、民族结构等问题进行量化分析；对老龄化问题、生育率变化问题和城镇化问题等进行剖析，并提出相关对策和建议。

第一章

我国人口发展概况

  人口发展与自然、经济和社会发展一样，都有其自身发展的客观规律。从人类过往的历史来看，人口数量是一种基于生产力和生产关系的动态表征。尤其在前工业化社会，生产力、生产方式、生产条件是决定人口发展规模和速度的决定因素。采摘、游牧、渔猎和定居的农业生产，对劳动力数量存在较大需求；其中各种生产方式的生产效率不同，对应的土地承载力也有较大差异。显然，生产方式和人口规模直接对应该地区文化的差异。从这个逻辑出发，我国在封建社会的农业生产过程中，土地对于人口强大的承载能力，促成了繁盛的中华文明。

  在生产力和生产关系相对稳定的情况下，土地的人口承载力有大概规模。因此，分处各个地域的不同文明，其人口规模上限虽然各不相同；但是到达一定极限，必然会产生各种社会问题，从而导致以资源争端为内核的外在形式，包括战争、饥荒、疾病等。生产力、生产关系、人口规模、社会产品等互相之间的起伏，是历史前进过程的一条伏线。

  前工业化社会由于生产力的落后，绝大部分时期物质资料并不丰裕，土地的人口承载阈限概念尚未浮出。因此，虽然中外都强调人口、生产和消费的辩证关系，但并未就人口发展为核心形成体系性知识和结论性观点。真正对社会经济与人口发展关系的系统深入研究，始于工业革命大幅提升生产力之后。

  社会生产力在工业革命之后得到了快速发展，全球人口也进入了快速增长时期，社会发展与人口发展之间关系也成为研究对象。西方进入工业化最早，西方学者也最先启动人口发展的系统研究。他们通过社会经济发展结合人口的出生率、死亡率、自然增长率等变动为线索，深刻剖析国家和地区人口发展阶段的关系，并提出了"人口转变"概念。具体是指，随着生产力驱动着社会经济向前发展，社会形态从农耕社会转向工业化社会，人口再生产模式也从传统转型现代，具体可通过人口出生率、死亡率和自然增长率三个维度说明。其演进路径和转型结果可表现为高位静止状态（即高出生率、高死亡率、低增长率）向低位静止（即低出生率、低死亡率、低增长率）转变。

从历史发展的视角观察，不同国家和地区工业化启动存在时间差异，但人口发展轨迹趋同。率先进入工业化时代的富裕国家中，人口发展形态、结构与趋势，与传统农业社会时代和早期工业社会时代出现较大不同。"世界是平的"形容现代社会信息传递的效率和结果，但在经济发展层面，区域发展不平衡是当前现实。国家间的发展不平衡直接导致国家间人口发展趋势不同步。考察东西方众多国家案例发现，率先进入工业化的国家也相对较早实现人口转变。

当前发达国家大都已进入低生育率阶段，跨越中等收入陷阱的后发国家的生育率较低，与之伴随的老龄化程度加深等问题，加剧人口发展问题。欠发达国家的人口发展具有多样化特征，总体上是高出生率和低出生率都广泛存在，较大程度上受经济发展、社会发展、教育水平等多因素的影响。

2020年是"十三五"的收官之年，人口发展问题也被党和政府日益重视。人口发展是长周期问题，极大试错成本使相关的人口政策慎之又慎。这也是为什么"一胎"为核心的生育政策长达数十年的惯性，导致多维度的人口失衡很难切换。逐步实施"单独二孩""全面二孩"等政策以来，反馈数据和统计数据显示，我国的人口发展情况不容乐观。当前的许多人口发展问题给我国未来人口政策的制定提出了思考和挑战。

空间异质性是各国执行差异性人口政策的客观基础，而人口发展的客观规律则是人口发展政策的一种科学约束。2020年既需要总结好"十三五"期间的各种经验与教训，更需要为来年"十四五"开局奠定基础。因此，拓展对经济发展、社会发展和人口发展规律的认识，有利于了解我国人口转变过程、人口发展现状和人口发展问题，有助于完善相关制度，促进人口与经济社会、人口与资源环境协调发展。

一、人口总量分析

人口发展具有自然属性和社会属性。在社会演化过程中，一方面，文明社会的人口发展过程，其社会属性远高于自然属性；另一方面，人口发展问题不能超越社会生产力发展和经济发展阶段等因素。因此，以人口发展为探索原点，考察人口、就业、生育和资源环境等问题时，纳入相关因素的反馈机制尤其重要。近年来，全球人口发展的非平衡性特征越来越明显。尤其是发达国家的人口低增长甚至负增长，伴随着非洲地区大量国家的高出生率，逐渐成为人口发展的常态。因此，从外部的全球视角和内部的结构视角与规模视角定位当前我国人口发展的现状，展望我国人口发展的未来趋势，是思考我国人口发展问题的前提和基础。

（一）全球视角的中国人口

经过长期的人口生育控制，我国人口增速得到有效控制；但是，人口存量仍然巨大，人口年龄结构也已进入老龄化。目前，我国人口存量超过美、英、法、德、日等发达国家总和，在人均资源占有量等方面远低于西方发达国家。如何合理、科学的探索人口与经济、社会发展的相互依存，如何动态、有效地平衡人口与资源、环境之间的相互制约，是我国在发展进程中始终要面对的问题。

选择联合国的人口统计数据，具有全球视角下人口统计的权威性。在诸多的人口指标中，选择年中人口估计值（Population mid-year estimates）指标进行排序，获得排列在前几位的国家人口数据，如表1-1所示。

表1-1　TOP 25世界人口数量排名及其比重（2017年、2019年）

排名	国家（2017年）	2017人口规模（亿人）	国家（2019年）	2019人口规模（亿人）
1	中国（不含港澳台）	13.5571	中国（不含港澳台）	14.0005
2	印度	12.3634	印度	13.6642
3	美国	3.1889	美国	3.2906
4	印度尼西亚	2.5361	印度尼西亚	2.7063
5	巴西	2.0266	巴基斯坦	2.1657
6	巴基斯坦	1.9617	巴西	2.1105
7	尼日利亚	1.7716	尼日利亚	2.0096
8	孟加拉国	1.6628	孟加拉国	1.6305
9	俄罗斯	1.4247	俄罗斯	1.4587
10	日本	1.2710	墨西哥	1.2758
11	墨西哥	1.2627	日本	1.2686
12	埃塞俄比亚	1.0403	埃塞俄比亚	1.1208

续表

排名	国家（2017 年）	2017 人口规模（亿人）	国家（2019 年）	2019 人口规模（亿人）
13	菲律宾	1.0241	菲律宾	1.0812
14	越南	0.9266	埃及	1.0039
15	埃及	0.9016	越南	0.9646
16	德国	0.7976	刚果（金）	0.8679
17	伊朗	0.7892	德国	0.8352
18	土耳其	0.7772	土耳其	0.8343
19	刚果（金）	0.7285	伊朗	0.8291
20	泰国	0.6831	泰国	0.6963
21	法国	0.6702	英国	0.6753
22	英国	0.6504	法国	0.6513
23	意大利	0.6055	意大利	0.6055
24	南非	0.5528	南非	0.5856
25	缅甸	0.5512	坦桑尼亚	0.5801

资料来源：根据联合国人口司官方网站数据下载整理，https：//unstats. un. org/home/。

表 1-1 提供了 2017 年和 2019 年两个年度的世界主要人口大国的人口发展数据。从统计结果来看，现阶段人口依然集中在亚洲和欧洲，其中亚洲是全世界人口最多的地区，中国则是世界人口最多的国家。但是，非洲国家的人口增长速度和规模不容忽视，这里面具有许多值得挖掘的人口发展趋势信息。

在世界人口 TOP 7 的国家中，人口总量都在增加。2017 年我国人口超出第 2 位的印度 1 亿多人，但在 2019 年已不足 1 亿人。若无特殊情况，近年印度将成为世界的人口第一大国。对比表 1-1 中国家在 2017 年和 2019 年的人口变化情况，绝大部分人口增加，少数国家人口呈下降趋势。其中，孟加拉国、日本、法国等下降明显。2017 年的第 25 位缅甸，2019 年也被人口增长快速的坦桑尼亚所超过，成为新的 TOP 25 人口大国。2017 年 TOP 25 门槛是 5 500 多万人口，到了 2019 年这个门槛已经提高到 5 800 万人，世界人口规模在不断增加。

聚焦于亚洲，可以发现世界人口较大比例集中在此。其中，"中国—

中国＋印度—亚洲 8 国"是一条人口规模逐渐放大的地理脉络线。从全球人口分布的比例来看，我国人口总量从 2017～2019 年累计增加了大约 8 000 万人；但是，同时期占全球人口比重从 18.82％下降至 18.59％，未来仍将保持下降趋势。将要超越中国成为世界第一人口大国印度，2017 年的人口规模超过 12.36 亿人，占世界人口总量的 17.86％；2019 年人口增加 1 亿多人，达到 13.66 亿人，占世界人口比重的 17.71％。"中国＋印度"的人口规模超过世界总人口 36％。当然，这个区域历史上也是全球人口的集中地域。

人口的"亚洲 8 国"是指中国、印度、印度尼西亚、巴基斯坦、孟加拉国、日本、菲律宾和越南亚洲 8 个国家，其人口总数接近全球人口一半，2019 年达到 49.03％[①]。欧洲和北美是最富裕的地区，也是受世界关注最多的地区。但是，从人口规模的角度说，亚洲人口体量决定了亚洲人口发展问题，对于全球人口发展、经济发展和社会福利，具有非常重要的影响、意义和作用。作为人口大国，我国的经济崛起、脱贫攻坚和人口科学发展显示着发展的决心和价值。

人口存量是世界人口格局的静态指标，人口增量才是决定未来人口格局的动态趋势。在当前的几个人口大国之中，中国、日本、俄罗斯都必须面对老龄化和低生育率的严峻挑战。我国虽然近年屡屡调整人口生育政策，但效果不尽如人意，长期在低生育率区间徘徊。人口学界公认印度人口规模将在 2022 年左右超过中国，成为世界第一人口大国。

中国不仅是亚洲的大国，也是世界的大国。无论从经济发展，还是人口发展，中国的发展问题都必须放在全球的视角观察分析。同样的，从世界人口发展格局中定位中国的人口发展动态，才具有前瞻性、实践性和指导性。综合来看，目前我国的人口大国地位不会改变，但人口大国排序将有调整；我国的人口结构将对未来我国的经济发展带来不可忽视的影响，观察、分析和借鉴先行国家，尤其是日本、俄罗斯、韩国等，具有一定价值。但是，不能忽略我国的人口体量在人口结构转换时所带来的冲击具有强大的规模效应，这必然会产生许多从未遇见过的问题，需要人口学界的科研人员慎重对待。

---

① 数据测算根据联合国人口统计数据，采用指标为 Population mid-year estimates，数据来源 https：//unstats. un. org/home/。

（二）总体趋稳的人口规模

我国拥有辽阔疆域与丰富资源，国土面积仅次于俄罗斯和加拿大，位列世界第三；同时我国的人口规模世界第一，因而人均资源相对有限。人均资源紧张，一定程度加剧了人口生活压力，这种压力一定程度会体现在家庭生育率。近年统计数据显示，生育政策松绑并未推动出生率显著上升，反而一定程度下降。北京、上海、深圳和广州等经济发达城市初婚年龄与生育年龄，呈现持续走高趋势，一定程度反映出现代社会中，经济因素对于人口发展趋势的显著影响。

经济发展伴随的生活水平改善、工作方式优化和社会热点转向的同时，人口"年轻化"也进入"老龄化"。现阶段我国仍处于人口流动活跃期，因此，在总量表现上，由于人口存量规模巨大，即使人口出生率降低，人口规模仍将保持较强的上冲惯性。近年我国的经济增速发展到新的阶段。以往的高速推进转入新常态"L"型，经济增速调整至相对低位。2020 年因为疫情的影响，在生产、就业和外贸等多个方面，我国社会经济承受着较大压力。根据目前的情况来看，全球疫情可能要持续 1～2 年，这一定程度会影响就业为核心的家庭安排，其中包括生育率等方面。

一方面，人口的规模、质量和分布，是经济社会发展的基础性要素，人口的年龄结构、性别结构和生命周期的不同阶段，也影响着经济和社会活动的流向与趋势；另一方面，经济和社会发展又影响着社会人群在微观层面的选择趋向，例如经济因素影响区域人口在就学、就业、生育、迁移等行为权衡取舍（trade off），进而形成公共服务需求。总量上我国人口规模一直处于上升通道，但人口增速逐渐缓慢。图 1－1 对我国到"双独"二孩政策时间序列下的出生率数据进行了描绘。

1949～1990 年是一个很高的人口出生率和出生规模时期，但并没有纳入到图 1－1 中。我国出生率总体下降趋势能够得到体现：从图中可以看到，在"一孩"政策背景下的 1991～2001 年，人口出生率剧烈下降了近 6‰；在"双独"二孩背景下的 2002～2012 年，人口出生率仍持续下降。虽然个别年份，如 2006 年与 2007 年，人口出生率存在轻微反复，但其总体趋势不难看出处于持续下降通道。人口政策的松绑并没能形成人口出生率上升的推力。

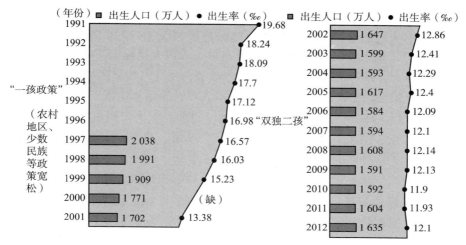

图1-1 我国人口出生率与出生人口变化（1991~2012年）

资料来源：相应年份中国统计年鉴、相应省份统计年鉴和统计公报，其中部分数据来自EPS，课题组在此基础上对相关数据进行了整理。

表1-2将我国2013~2019年的出生人口和人口出生率进行排列。和图1-1类似，这一时期也覆盖了两个人口政策周期，但是人口出生率发展趋势更加复杂。2013~2015年属于"双独二孩"政策期，2016年后则属于"全面二孩"政策期。从数据上可以看出，2015年政策调整并推行的第二年，即2016年我国人口出生率出现显著提升。大部分人口学者认为，2016年人口生育率的短暂提升释放了前期累计的二胎生育欲望。从后续的数据来看，我国的人口出生率仍处于下降通道。

表1-2 我国人口出生率与出生人口变化（2013~2019年）

生育政策	出生年份	出生人口（万人）	出生率（‰）
单独二孩	2013	1 640	12.08
	2014	1 687	12.37
全面二孩	2015	1 655	12.07
	2016	1 786	12.95
	2017	1 723	12.43
	2018	1 523	10.94
	2019	1 465	10.48

资料来源：相应年份中国统计年鉴、相应省份统计年鉴和统计公报，其中部分数据来自EPS，课题组在此基础上对相关数据进行了整理。

通常区域经济发展较快、提供更多就业岗位和更高就业回报的区域，能够吸收更多的劳动力。在我国当前的户籍制度下，经济发达区域所吸收的人口，很大比例难以融入就业所在地，人口大规模流动成为了必然现象。总体上，发达地区呈现人口净流入趋势；反之，如果区域经济发展乏力，就业机会较少，就业收入较低，劳动人口长期呈流出状态。表 1-3 以 2017 年的人口规模为标准进行降序排列。目前我国人口规模 TOP 10 省份分别是广东、山东、河南、四川、江苏、河北、湖南、安徽、湖北和浙江。这一人口分布的空间格局已经延续了多年。这十个省份从行政区域划分和地缘行政来看，大多属于东部地区和中部地区。中部地区是具有其资源优势的传统人口大省，如湖北、湖南、江西、山东、河南、四川等。从发展现状和发展潜力维度，我国经济相对发达的地区主要集中在东部地区与中部地区。中部、东部地区目前聚集了我国的大部分人口。

表 1-3　　　全国各省份人口规模增长情况（2010~2018 年）　　单位：万人

全国及各省份	2010 年	2011 年	2012 年	2013 年	2014 年	2015 年	2016 年	2017 年	2018 年
全国总计	134 091	134 735	135 404	136 072	136 782	137 462	138 271	139 008	139 538
广东	10 441	10 505	10 594	10 644	10 724	10 849	10 999	11 169	11 346
山东	9 588	9 637	9 685	9 733	9 789	9 847	9 947	10 006	10 047
河南	9 405	9 388	9 406	9 413	9 436	9 480	9 532	9 559	9 605
四川	8 045	8 050	8 076	8 107	8 140	8 204	8 262	8 302	8 341
江苏	7 869	7 899	7 920	7 939	7 960	7 976	7 999	8 029	8 051
河北	7 194	7 241	7 288	7 333	7 384	7 425	7 470	7 520	7 556
湖南	6 570	6 596	6 639	6 691	6 737	6 783	6 822	6 860	6 899
安徽	5 957	5 968	5 988	6 030	6 083	6 145	6 196	6 255	6 324
湖北	5 728	5 758	5 779	5 799	5 816	5 856	5 885	5 902	5 917
浙江	5 447	5 463	5 477	5 498	5 508	5 539	5 590	5 657	5 737
广西	4 610	4 645	4 682	4 719	4 754	4 796	4 838	4 885	4 926
云南	4 602	4 631	4 659	4 687	4 714	4 742	4 771	4 801	4 830
江西	4 462	4 488	4 504	4 522	4 542	4 566	4 592	4 622	4 648
辽宁	4 375	4 383	4 389	4 390	4 391	4 382	4 378	4 369	4 359
福建	3 693	3 720	3 748	3 774	3 806	3 839	3 874	3 911	3 941

续表

全国及各省份	2010 年	2011 年	2012 年	2013 年	2014 年	2015 年	2016 年	2017 年	2018 年
陕西	3 735	3 743	3 753	3 764	3 775	3 793	3 813	3 835	3 864
黑龙江	3 833	3 834	3 834	3 835	3 833	3 812	3 799	3 789	3 773
山西	3 574	3 593	3 611	3 630	3 648	3 664	3 682	3 702	3 718
贵州	3 479	3 469	3 484	3 502	3 508	3 530	3 555	3 580	3 600
重庆	2 885	2 919	2 945	2 970	2 991	3 017	3 048	3 075	3 102
吉林	2 747	2 749	2 750	2 751	2 752	2 753	2 733	2 717	2 704
甘肃	2 560	2 564	2 578	2 582	2 591	2 600	2 610	2 626	2 637
内蒙古	2 472	2 482	2 490	2 498	2 505	2 511	2 520	2 529	2 534
新疆	2 185	2 209	2 233	2 264	2 298	2 360	2 398	2 445	2 487
上海	2 303	2 347	2 380	2 415	2 426	2 415	2 420	2 418	2 424
北京	1 962	2 019	2 069	2 115	2 152	2 171	2 173	2 170	2 154
天津	1 299	1 355	1 413	1 472	1 517	1 547	1 562	1 557	1 560
海南	869	877	887	895	903	910.82	917	926	934
宁夏	633	639	647	654	662	667.88	675	682	688
青海	563	568	573	578	583	588.43	593	598	603
西藏	300	303	308	312	318	323.97	331	337	344

注：年份数据和分省人口数据或与本书其他部分有些许出入，原因是《统计年鉴》和《统计公报》公布的最新数据通常存在一些差异。为了保持数据对比的有效性，在同一表格里如无补充说明，都是来于同一数据来源。

资料来源：相应年份中国统计年鉴、相应省份统计年鉴和统计公报，其中部分数据来自 EPS，课题组在此基础上对相关数据进行了整理。

仔细对比表1-3中数据，各省的人口规模排序相对稳定，尤其是近几年，基本延续这个排序格局。表1-3是从人口规模降序排列，排前面的人口规模更大的省份，排序核心按照最近年份为主。延续以往的强势，广东无疑已成为我国人口规模最大的省份，且与第2位的山东差距逐渐拉大。广东是珠三角的核心区域，也是我国经济发展和对外开放的重要省份，是构建与京津冀、长三角并列的珠三角经济圈的空间依托和地理支撑。紧随广东之后的人口大省分别是山东、河南、四川，三省都是我国传统的人口输出大省；此外，还有其他人口大省，如安徽、江西、湖南和湖北等，是中部地区的主要省份。以人口相对较少的江西为例，

4 648 万的存量人口，处于各省人口规模排序的中位数之上。总体上这些省份的人口规模排序具有延续性和稳定性，短期内也不会有太多调整。

相比前工业化时期，进入工业化之后，交通工具降低了人口迁移成本，扩大了行动范围半径，也使生产要素更加频繁地流动。其中，人口流动空间扩大、流动频率增强、就业激励显著等，已成为现代社会重要特征。"十三五"期间我国的城镇化推进迅速，扶贫攻坚也进入收官之年，就业成为其中的重要一环。从统计数据来看，我国现阶段的就业导向人口流动，主要表现为中西部劳动力向东南部省份聚集、乡镇区域向市区聚集。这种人口流动促进了我国当前的空间聚集分化。在这个人口动态调整的过程中，部分输出人口在城市沉淀并逐渐融入，成为新市民群体；另一部分通过就地就近城镇化路径，实现从农村转移到城镇。这是我国关于人口城镇化的基本思路。

限于数据可得性，微观层面暂时不能实现多渠道和多维度流动人口统计。主要原因包括：首先，人口统计在户籍人口、年末常住人口和流动人口等方面的跟踪统计尚未全面推进；其次，各省份的人口统计口径有较大差异；此外，统计数据的标准一致性和时间连续性等方面，存在若干不足。这些情况近年逐渐好转，尤其需要统计部门进行高层主导、中层推动和基础执行。目前尚无比较公开的连贯数据。尽管如此，针对省际、省内市际等范围人口流动趋势的情况，仍可通过其他维度信息进行交叉研究获得。2020 年是人口统计年，预计年底将会公布一批高质量的人口普查数据，这对我国人口方面的研究是一个利好。

表 1-3 给出的是一个人口规模的变化信息，对其进行处理形成表 1-4，选择环比增速指标表述全国和各省份变化如下。

表 1-4　　　全国各省份人口环比增速（2010~2018 年）　　单位：%

全国及各省份	2011 年	2012 年	2013 年	2014 年	2015 年	2016 年	2017 年	2018 年
全国总计	0.48	0.50	0.49	0.52	0.50	0.59	0.53	0.38
广东	0.61	0.85	0.47	0.75	1.17	1.38	1.55	1.58
山东	0.51	0.50	0.50	0.58	0.59	1.01	0.59	0.41
河南	-0.18	0.19	0.07	0.24	0.47	0.55	0.28	0.48
四川	0.06	0.32	0.38	0.41	0.79	0.71	0.48	0.47

续表

全国及各省份	2011 年	2012 年	2013 年	2014 年	2015 年	2016 年	2017 年	2018 年
江苏	0.38	0.27	0.24	0.26	0.20	0.28	0.38	0.27
河北	0.65	0.65	0.62	0.70	0.55	0.61	0.66	0.48
湖南	0.40	0.65	0.78	0.69	0.68	0.57	0.56	0.57
安徽	0.18	0.34	0.70	0.88	1.00	0.85	0.95	1.10
湖北	0.52	0.36	0.35	0.29	0.61	0.57	0.29	0.25
浙江	0.29	0.26	0.38	0.18	0.56	0.92	1.20	1.41
广西	0.76	0.80	0.79	0.74	0.88	0.88	0.97	0.84
云南	0.63	0.60	0.60	0.58	0.59	0.62	0.63	0.60
江西	0.58	0.36	0.40	0.44	0.52	0.58	0.65	0.56
辽宁	0.18	0.14	0.02	0.02	− 0.20	− 0.10	− 0.21	− 0.23
福建	0.73	0.75	0.69	0.85	0.87	0.91	0.96	0.77
陕西	0.21	0.27	0.29	0.29	0.48	0.53	0.58	0.76
黑龙江	0.03	0.00	0.03	− 0.05	− 0.56	− 0.33	− 0.27	− 0.42
山西	0.53	0.50	0.53	0.50	0.44	0.49	0.54	0.43
贵州	− 0.29	0.43	0.52	0.17	0.61	0.72	0.70	0.56
重庆	1.18	0.89	0.85	0.71	0.85	1.04	0.89	0.88
吉林	0.07	0.04	0.04	0.04	0.05	− 0.74	− 0.59	− 0.48
甘肃	0.16	0.55	0.16	0.35	0.33	0.40	0.61	0.42
内蒙古	0.40	0.32	0.32	0.28	0.24	0.36	0.36	0.20
新疆	1.10	1.09	1.39	1.50	2.69	1.62	1.96	1.72
上海	1.91	1.41	1.47	0.46	− 0.44	0.20	− 0.08	0.25
北京	2.91	2.48	2.22	1.75	0.86	0.12	− 0.11	− 0.74
天津	4.31	4.28	4.18	3.06	1.97	0.97	− 0.32	0.19
海南	0.92	1.14	0.90	0.89	0.87	0.68	0.98	0.86
宁夏	0.95	1.25	1.08	1.22	0.89	1.07	1.04	0.88
青海	0.89	0.88	0.87	0.87	0.93	0.78	0.84	0.84
西藏	1.00	1.65	1.30	1.92	1.88	2.17	1.81	2.08

资料来源：相应年份中国统计年鉴、相应省份统计年鉴和统计公报，其中部分数据来自 EPS，课题组在此基础上对相关数据进行了整理。

表 1 - 4 反映了当前我国人口规模的一些发展特点。

1. 总体增速趋缓

近年全国人口环比增长率总体相对稳定，增速围绕 0.50% 轻微波动。源于"全面二孩"对于累积生育欲望的释放，2016～2017 年有显著冲击，但随后趋于消散，2018 年已经下降到 0.38%。根据统计公报的数据来看，2019 年我国人口相比上年增长 467 万人，环比增长 0.33%，人口增速进一步下降。人口发展问题不能忽视，虽然当前我国人口规模刚突破 14 亿人，但从人口均衡发展的目标看，当前我国人口结构中的年龄结构、性别结构等存在诸多问题。若要实现其调整、更新和优化，将需要一个漫长的人口动态调整周期。在彼此衔接的漫长人口更替过程中，如果遭遇外力冲击，可能会给国家发展带来风险。

2. 省际差异显著

全国各省、自治区和直辖市人口增长速度延续着前几年的趋势，并且省际差异日益显著。选择全国、东部、中部、西部和东北地区的代表性省份进行比较，分别以广东、河南、江西、新疆和黑龙江五个省份为例。国家层面 2018 年人口环比 0.38%，相比过去下降较多；以五年为周期进行算术平均值测算，均值为 0.50%；广东、河南、江西、新疆和黑龙江的近五年均值分别为 1.29%、0.40%、0.55%、1.90% 和 - 0.33%。峰值是 1.90% 的新疆和 - 0.33% 的黑龙江。相比本系列研究去年的类似统计，代表性省份的高峰值更高，低谷值更低。显然，省际差异在去年的基础之上进一步扩大。

省际人口规模变化差异显著的另一面，就是国家层面的人口规模增长指标一定程度模糊了个体的异质性发展事实。全国人口环比增长值不能代表省际人口变化方向和发展趋势。新疆、宁夏和西藏近年的人口增长速度都很快。汉族家庭严格执行计划生育政策的同时，包含福利、考试、招录等诸多偏向性民族政策，使近年来汉族人口流出民族聚居区的情况较为普遍。持续性少数民族大规模聚居省份的人口高速增长，必然极大改变该区域现有人口的民族结构，未来主体民族分布也可能发生变化。

3. 人口常态负增

东北三省辽宁、黑龙江和吉林已多年人口负增长，这已成为其人口发展常态。2017 年北京、吉林、辽宁、上海、黑龙江和天津人口环比增长为负值，2018 年除了东北三省，仍有北京的人口负增长。北京人口减少主要是由于政策引导的人口分流因素。北京是我国的首都，是经济发达、资源汇集和人口密集的强功能支撑一线城市。伴随房价上涨迅速、生活成本日渐增加等因素，人口规模的环比负增长是人口严控的期望结果。

包含江苏、浙江与上海的长三角是我国区域经济最为活跃和发达的地区，近年受经济、文化冲击，生育观念已然出现快速转变。江苏和上海2018 年的人口增长都在 0.25 个百分点波动，远低于国家平均的人口增速。吉林、辽宁和黑龙江等东北地区的人口负增长已有多年。以黑龙江为例，环比人口增速 2015 ~ 2018 年对应的环比增速为 - 0.56%、- 0.33%、- 0.27%、- 0.42%。这是从 2014 年开始的连续第 5 年人口负增长。类似情况的省份还有辽宁。辽宁近四年的人口环比增速分别为 - 0.20%、- 0.10%、- 0.21%、- 0.23%，显然也是持续负增长，下行趋势日益扩大。

（三）区域人口的马太效应

"经济圈—区域圈—城市群"的划分标准，是考察省域视角和省际经济区域发展的较好选择。区域经济划分目前存在多种不同，基于数据连续性和可比较性，本书沿袭国家统计局对东中西部和东北地区的划分方法[1]。东部地区包括北京、天津、河北、上海、江苏、浙江、福建、山东、广东和海南共 10 个省、市和自治区；中部地区则包括山西、安徽、江西、河南、湖北和湖南共 6 个省；西部地区包括内蒙古、广西、重庆、四川、贵州、云南、西藏、陕西、甘肃、青海、宁夏和新疆共 12 个省份；东北地区包括辽宁、吉林和黑龙江共 3 个省，这也是传统概念的"东北三省"。表 1 - 5 对全国与东部地区、中部地区、西北地区和东部地区的人口规模增长情况进行了梳理。

表 1 - 5 　　　全国分地区人口规模增长情况（2010 ~ 2018 年）　　单位：万人

全国及各地区	2010 年	2011 年	2012 年	2013 年	2014 年	2015 年	2016 年	2017 年	2018 年
全国总计	134 091	134 735	135 404	136 072	136 782	137 462	138 271	139 008	139 538

---

[1] 目前国内对于区域的划分方法存在多个不同标准，本书选择国家统计局的划分标准，http://www.stats.gov.cn/tjsj/zxfb/201405/t20140527_558611.html。

续表

全国及各地区	2010 年	2011 年	2012 年	2013 年	2014 年	2015 年	2016 年	2017 年	2018 年
东部地区	50 665	51 063	51 461	51 818	52 169	52 519	52 951	53 363	53 750
中部地区	35 696	35 791	35 927	36 085	36 262	36 494	36 709	36 900	37 111
东北地区	10 955	10 966	10 973	10 976	10 976	10 947	10 910	10 875	10 836
西部地区	36 069	36 222	36 428	36 637	36 839	37 133	37 414	37 695	37 956

资料来源：相应年份中国统计年鉴、相应省份统计年鉴和统计公报，其中部分数据来自 EPS，课题组在此基础上对相关数据进行了整理。

表 1-5 通过时间序列描述了我国 2010~2018 年东、中、西和东北地区的人口规模变化情况。东部地区成为最大的人口集聚区域，2010 年前就拥有超过 5 亿人的人口存量。东北地区人口最少，虽然近年人口一直流出，但仍然超过 1 亿人。东、中、西和东北地区的人口格局呈现出相对稳定性。

从近几年各大区域的人口变化情况分析，存在一种"强者恒强"的马太效应。经济发展的强势使东部地区具有"强者恒强"的人口"虹吸效应"，每年可以从其他地区吸收人口几百万人；与此同时，中部地区和西部地区的人口规模增长相对有限。东北地区 2009 年东北地区人口为 10 907 万人，从 2013 年开始每年流出几十万人口，2018 年是 10 836 万人，近年都是负增长，规模不增反降。中部地区最近几年人口也相对平稳，保持着缓慢增加的趋势。

对表 1-5 的人口总量数据进行处理，转化成环比数据后方便直观比较各区域的人口发展趋势。表 1-6 对 2010~2018 年东部地区、中部地区、西部地区和东北地区的人口环比增速进行列表比较。

表 1-6　　　　全国分地区人口环比增速（2011~2018 年）　　　单位：%

全国及各地区	2011 年	2012 年	2013 年	2014 年	2015 年	2016 年	2017 年	2018 年
全国总计	0.4803	0.4965	0.4933	0.5218	0.4971	0.5885	0.5330	0.3813
东部地区	0.7856	0.7794	0.6937	0.6774	0.6706	0.8229	0.7781	0.7252
中部地区	0.2661	0.3800	0.4398	0.4905	0.6398	0.5891	0.5203	0.5718

全国及 各地区	2011 年	2012 年	2013 年	2014 年	2015 年	2016 年	2017 年	2018 年
东北地区	0.1004	0.0638	0.0273	0.0000	− 0.2642	− 0.3380	− 0.3208	− 0.3586
西部地区	0.4242	0.5687	0.5737	0.5514	0.7988	0.7560	0.7511	0.6924

资料来源：相应年份中国统计年鉴、相应省份统计年鉴和统计公报，其中部分数据来自 EPS，课题组在此基础上对相关数据进行了整理。

横截面数据可以看出，区域之间差异显著；时间序列数据则反映了"马太效应"的存在。全国的环比增速过去几年保持在 0.50%，2018 年下降比较多，跌至 0.38%；东部地区依然保持较高增速，总体环比增速显著高于全国。在全国的人口环比增速下跌同时，仍达到 0.725%。相比全国的变化，东部地区呈现出加速增长趋势，是近十年全国人口增速最快的区域。东北地区人口进入了负增长阶段已经第 5 年，单纯依靠东北地区的人口出生率实现人口规模增长，短期内不太现实。中西部人口经历多年低速状态后，目前已超过全国人口增速。中西部地区人口稳中有增依赖于多方因素，如区域经济发展加速、计划生育政策调整以及社会文化氛围影响等。基于表 1 - 6 的环比增速数据，图 1 - 2 对我国分地区环比增速进行了趋势描述。

从图 1 - 2 可以看出，东北地区人口环比增速下降趋势明显，而且并无缓解的迹象；东部地区、西部地区近年增速趋同，都呈现出较好的人口增长趋势。比较有趣的是，西部地区近年增速很快，高出中部地区，几乎持平东部地区。东部地区以经济发展、提供就业、机制灵活等优势聚集了众多人口；西部地区则很大程度上由于其生育政策、民族聚居以及其他非经济因素，这些方面依赖后期掌握更多数据进行深入研究。

（四）人口东向聚集的持续

活跃的经济是区域发展的重要基础，也是解决劳动力就业的重要保障。山清水秀如果不具备吸纳就业的"海绵垫"，优越的自然资源也可能成为没有活力的"荒土"。2020 年疫情的持续，不仅对经济影响很大，同时对就业造成极大的冲击。这也将在逐步改变社会对于就业的态度和就业选择的流向。通常经济发展速度较快的地区，能够提供更多的就业机会。因此，这些经济热点区域也会成为人口流入的目的地。国家层面的整

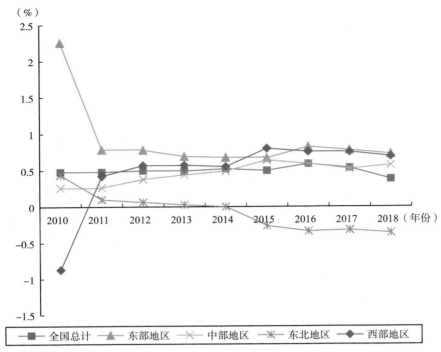

图 1 – 2　全国分地区人口环比增速趋势（2010～2018 年）

资料来源：相应年份中国统计年鉴、相应省份统计年鉴和统计公报，其中部分数据来自 EPS，课题组在此基础上对相关数据进行了整理。

体人口规模变化，由 31 个省份的变化构成①；对于区域发展的关注，可聚焦于若干经济发达区域人口规模变化，这在实践层面更具价值。延续前文将全国分成东部地区、中部地区、西部地区和东北地区，继续从时间序列考察各大区域的人口流动变化趋势。

东部地区的典型聚集区域是珠三角和长三角。在改革开放之前，这些地区已经商品经济发达，具有浓厚的商业土壤；改革开放之后，区位优势也促使其经济更快启动。生产力的快速提升，经济影响逐渐扩大，东部地区一直以来是中西部地区富余劳动力的流向地。东部地区经济发展已经在人口流动维度形成"虹吸效应"，人口"东向聚集"趋势持续并强化。

---

① 现阶段的全国人口统计将大陆地区、港、澳、台进行分开统计，因此一般统计报告中的全国人口统计数据只包含大陆地区人口。

　　根据腾讯（Tencent）位置大数据提供的灯光图和人口迁徙图①，能够直观看到我国境内各不同区域网络人口活跃数据。光亮出现是网络活跃点，代表此处的活跃人口规模；相对应地，黑暗处代表人口不活跃地区。相比以往采用的灯光数据，网络活跃数据更能代表当前阶段的真实人群聚集和就业现实。网络活跃数据、灯光数据和传统的"胡焕庸线"具有一致性，客观地反映出现阶段我国区域人口的分布事实。

　　胡焕庸线即黑河—腾冲线，是一条对中国人生存和发展具有重要意义的地理标识。1935 年胡焕庸自黑龙江瑷珲至云南腾冲画一条直线（约为 45°），发现线东南半壁 36% 的土地供养了全国 96% 的人口；西北半壁64% 的土地仅供养 4% 的人口。二者平均人口密度比为 42.6∶1。基于1982 年的人口普查数据，胡焕庸发现分界线以东的地区仍居住着全国人口的 94.4%；西半部人口仅占全国人口的 5.6%，两边人口分布差异极大；2000 年第 5 次人口普查发现，"胡焕庸线"两侧的人口分布比例，与70 年前相差不到 2%；随着经济发展和人口政策的调整，从中仍能发现，胡焕庸线两侧人口分布不仅未能平衡，东向聚集的趋势相比过去还更显著。

　　延续这个思路，根据时间序列数据，从东部地区、中部地区、西部地区和东北地区人口近年占全国人口比重的变化情况，进一步考察各大区域模块的人口发展趋势。和表 1 - 5、表 1 - 6 侧重绝对规模变化不同，表 1 - 7 对 2009 ~ 2018 年的人口比重情况进行了归纳。

表 1 - 7　　　　　全国区域人口全国占比趋势（2009 ~ 2018 年）　　　单位：%

地区	2009 年	2010 年	2011 年	2012 年	2013 年	2014 年	2015 年	2016 年	2017 年	2018 年
东部地区	37.13	37.78	37.90	38.01	38.08	38.14	38.21	38.30	38.39	38.52
中部地区	26.68	26.62	26.56	26.53	26.52	26.51	26.55	26.55	26.55	26.60
东北地区	8.17	8.17	8.14	8.10	8.07	8.02	7.96	7.89	7.82	7.77
西部地区	27.26	26.90	26.88	26.90	26.92	26.93	27.01	27.06	27.12	27.20

　　资料来源：相应年份中国统计年鉴、相应省份统计年鉴和统计公报，其中部分数据来自 EPS，课题组在此基础上对相关数据进行了整理。

---

　　① 腾讯（Tencent）位置大数据发布"互联网＋城市分析"LBS 大数据平台，主要针对智慧城市建设与企业商业需求分析两个方面，助力政府部门快速评估城市地块价值，实现城市智慧式管理和运行，助推智慧城市建设提速，同时也为商超、地产等企业提供大数据智能解决方案。相关信息可以通过 https：//heat. qq. com/index. php、https：//heat. qq. com/qianxi. php 进行实时查询。

　　可以看到，四大区域的人口全国占比总体稳定，但正逐渐地分化。虽然百分比变化数字不大，结合 10 亿级的人口绝对规模，极小百分比变化对应了巨大的人口存量。从整个时间数据中可以发现，西部地区人口的全国占比有一个起伏过程。2010 年前后有一个低潮期，2018 年逐渐扩张，人口的占比和东北地区形成鲜明对比。西北地区人口占比 2009 年为 27.26%，2018 年为 27.20%，期间波动幅度很小。东北地区人口占比持续下降，2009 年是 8.17%，到了 2018 年已下降到 7.77%。虽然下降幅度没有特别严重，但在总体人口增加的背景中下跌，显得尤其突出。中部地区人口的全国占比较为稳定，2009 年中部地区全部人口占比为 26.68%，2018 年为 26.60%，波动幅度基本控制在 0.1% 左右，占比非常稳定。东部地区的人口全国占比近年变化较大，从 2009 年 37.13% 上升到 38.52%，这一增长趋势从进入 21 世纪后就极其显著且持续至今。

　　总的来看，全国人口流动的一个基本趋势是东向聚集趋势增强，东北地区人口持续流出，西部地区和中部地区稳定且增长。最后，通过表 1-8 来展示我国当前各省市人口规模变化情况，核心内容是年末常住人口增量的变化情况。

表 1-8　　我国各省份年末常住人口变动情况（2008～2018 年）　单位：万人

地区	2008年	2009年	2010年	2011年	2012年	2013年	2014年	2015年	2016年	2017年	2018年
全国	673	648	641	644	669	668	710	680	809	737	530
北京	95	89	102	57	50	46	37	19	2	-2	-17
天津	61	52	71	56	58	59	45	30	15	-5	3
河北	46	45	160	47	47	45	51	41	45	50	36
山西	18	16	147	19	18	19	18	16	18	20	16
内蒙古	15	14	14	10	8	8	7	6	9	9	5
辽宁	17	26	34	8	6	1	1	-9	-4	-9	-10
吉林	4	6	7	2	1	1	1	1	-20	-16	-13
黑龙江	1	1	7	1	0	1	-2	-21	-13	-10	-16
上海	77	69	93	44	33	35	11	-11	5	-2	6
江苏	39	48	59	30	21	19	21	16	23	30	22
浙江	57	64	171	16	14	21	34	31	51	67	80

续表

地区	2008年	2009年	2010年	2011年	2012年	2013年	2014年	2015年	2016年	2017年	2018年
安徽	17	−4	−174	11	20	42	53	61	52	59	69
福建	27	27	27	27	28	26	32	33	35	37	30
江西	32	32	30	26	16	18	20	24	26	30	26
山东	50	53	118	49	48	48	56	58	100	59	41
河南	69	58	−82	−17	18	7	23	44	52	27	46
湖北	12	9	8	30	21	20	17	36	33	17	15
湖南	25	26	164	26	43	52	46	46	39	38	39
广东	233	237	311	64	89	50	80	125	150	170	177
广西	48	40	−246	35	37	37	35	42	42	47	41
海南	9	10	5	8	10	8	8	8	6	9	8
重庆	23	20	26	34	26	25	21	26	31	27	27
四川	11	47	−140	5	26	31	33	64	58	40	39
贵州	−36	−59	−58	−10	15	18	6	22	25	25	20
云南	29	28	31	29	28	28	27	28	29	30	29
西藏	3	4	4	4	5	4	6	6	7	6	7
陕西	10	9	8	8	10	11	11	18	20	22	29
甘肃	3	4	5	4	14	4	9	9	10	16	11
青海	2	3	6	5	5	5	5	5	5	5	5
宁夏	8	7	8	6	8	7	8	6	7	7	6
新疆	36	28	26	24	24	31	34	62	38	47	42

资料来源：数据来源于国家统计年鉴。其中 2010 年数据为当年人口普查数据推算数，其余年份数据为年度人口抽样调查推算数据。各地区数据为常住人口口径。

2018 年底辽宁、吉林和黑龙江相比 2017 年，人口净流出 10 万人、13 万人和 16 万人。北京的 17 万人净流出是政策强推的结果；广东的净增 177 万人无疑非常亮眼。就业性聚集、资源型聚集或者是其他驱动力，生产要素的聚集自然能提升这个区域的经济活力。相比 2017 年 6 个人口负增长的省份，2018 年降为 4 个；其中，北京人口减少属于政策性推动的结果。从区域发展的角度来看，2018 年的各省市人口聚集强度要高于

2017 年。

图 1-3 对表 1-8 的信息进行了强化，把 2017 年与 2018 年我国各省市年末常住人口变化进行了排序并将数据形象化。显然，有些省份近年都获得较好的人口增长，相对应的也有部分省市人口增长乏力。从长远来看，人口增长乏力的地区，未来经济增长的潜力也令人担忧，如天津、辽宁、吉林、黑龙江。需要强调一点，图末的北京显然属于特例，其人口负增长的性质和东北地区完全不同。

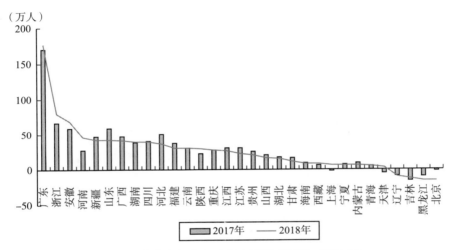

图 1-3 各省市年末人口变动规模（2017～2018 年）

资料来源：相应年份中国统计年鉴、相应省份统计年鉴和统计公报，其中部分数据来自 EPS，课题组在此基础上对相关数据进行了整理。

二、人口结构分析

我国目前是全球第一人口大国，这个结论是基于人口规模维度的评价。但是，我国目前同样面临较大的人口发展问题，如老龄化、出生率较低、男女性别比例失衡等。这就涉及另外一个人口发展的考察维度"人口结构"。人口结构不是一个独立的评价因素，而是涉及诸多内容，包括人口的自然结构（如性别结构、年龄结构等）、人口经济结构（如产业结构、职业结构等）、人口地域结构（如城乡结构、地域分布等），以及人口社会结构等。2020 年是"十三五"的收官之年，回顾"十三五"期间，经济建设和社会发展方面我国经历着艰难转型，人口发展方面也正经历人口结构转型挑战。我国人口过快增长趋势已被有效遏制，缓解了人口总量压力；人口可持续发展的方面，我国又面临人口发展周期性和结构性的矛盾。我国现阶段的出生率、死亡率和自然增长率，包括人口性别结构、年龄结构、区域分布结构等，距离人口均衡发展的目标仍有差距。具体表现在人口结构性矛盾日益凸显，男女性别比例失衡、人口老龄化进程加速、城镇化进程中人口分布重构等。

（一）性别结构

按"四阶段"人口转变模式理论进行分析，我国已经顺利完成从高出生率、高死亡率、高增长率的人口发展阶段转向低出生率、低死亡率、低增长率阶段。当前已经处于老年型社会，而且未来一段时间老龄化将不可避免继续深化，这是我国人口发展，包括经济和社会发展的一个非常严峻的挑战。当前我国的总和生育率未能形成社会统一的结论，但国家统计部门认为在 1.5% ～ 1.6%，已属于世界低生育率国家。作为儒家文化圈的主体国家，农耕社会大都有自古以来的"男孩偏好"。在此背景下，人口出生率下降客观上也促使"一胎化"生育政策必然伴随人口的性别结构失衡。

我国的人口规模增长经历从快速到缓慢再到趋稳的过程。中华人民共和国成立的 1949 年，人口规模大概在 54 000 万人，2019 年末人口已经达到 140 005 万人，接近 3 倍初始规模[①]。其中，男性 71 137 万人；女性 68 478 万人。详细如表 1 - 9 所示。

表 1 - 9　　　　　　　　　2019 年末人口数及其构成

指标	年末数（万人）	比重（%）
全国总人口	140 005	100
其中：城镇	84 843	60.6
乡村	55 162	39.4
其中：男性	71 527	51.1
女性	68 478	48.9

---

① 数据来源于《中华人民共和国 2019 年国民经济和社会发展统计公报》，个别数据与《统计年鉴》可能存在差异，这是基于后期统计调整的结果。

续表

指标	年末数（万人）	比重（%）
其中：0～15 岁（含不满 16 周岁）	24 977	17.84
16～59 岁（含不满 60 周岁）	89 640	64.03
60 周岁及以上	25 388	18.13
其中：65 周岁及以上	17 603	12.57

　　我国的性别结构问题长期以来并未得到重视。只是随着严格计划生育政策下的"80 后"一代进入婚育期、"90 后"一代进入中学，叠加城乡发展的若干矛盾，社会开始注意到性别结构失衡的问题。进入 21 世纪后，我国的性别结构失衡问题更加显著，这一问题放入年龄结构的框架中，对婚育人群影响更加明显。

　　图 1-4、图 1-5 显示我国男性、女性的人口规模与总体人口规模基本保持着较为稳定的结构。在这个性别结构中，男性规模高出女性规模是社会发展常态。图 1-4 的数据展示开始于 2000 年，其实也是我国性别结构开始频繁变化的开始，相对稳定的发展趋势出现了变化。男性人口

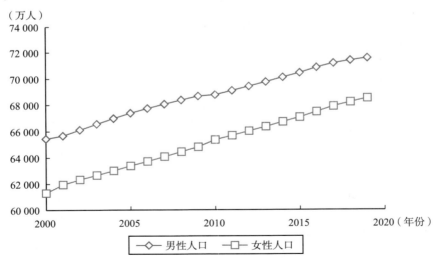

图 1-4　全国男女数量变化趋势（2000～2019 年）

　　资料来源：相应年份中国统计年鉴、相应省份统计年鉴和统计公报，其中部分数据来自 EPS，课题组在此基础上对相关数据进行了整理。

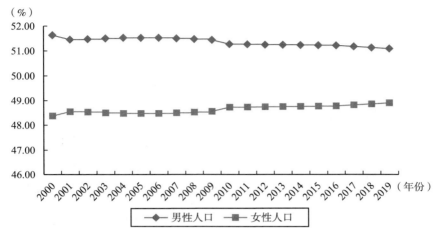

图 1 - 5　全国男女数量占比变化（2000～2019 年）

资料来源：相应年份中国统计年鉴、相应省份统计年鉴和统计公报，其中部分数据来自 EPS，课题组在此基础上对相关数据进行了整理。

的增长数量开始高于女性，虽然在整体的人口结构中并不会突然地明显反应，而在年龄结构对应的性别结构中，变化已经开始，我国的男女性别结构 2000 年左右开始失衡，且呈现加剧趋势。相比绝对人口性别规模的发展趋势图，男女性别比例趋势图能直观反映时间序列下性别比例变化。

图 1 - 5 中男性、女性人口占比变化呈现出渐进性。最低点在 2000 年，女性占的人口占比为 48.37%，2019 年为 48.91%。虽然女性人口占比浮动 1 个百分点内区间，但对于 10 亿级体量人口规模，浮动 1 个百分点和浮动对应 2 个百分点性别差距，意味着数千万规模的性别失衡。当然，绝对的性别结构属于静态分析，对于人口发展而言，其重要性不如基于年龄结构的性别对比。

由于年鉴数据通常略有滞后，统计公报数据不提供各年龄区间的性别规模和性别结构数据，图 1 - 6 选择对 2017 年、2018 年的重要年龄区间男性和女性规模变化进行比较。现有文献大都将女性生育年龄上限划在 48 岁，因此选择将年龄区间的上限定于 49 岁。

图 1 - 6 中柱形代表该年龄区间男性人口占全部人口的百分比，折线代表该年龄区间女性人口占全部人口百分比。在图中各个年龄区间，男性占比高于女性占比的情况占绝对多数，但各区间的占比失衡程度存在差异。值得注意的是性别结构在黄金生育期和青少年区间存在较严重的性别失衡。在 0～29 岁区间的绝大部分年龄段，2018 年的男性规模少于

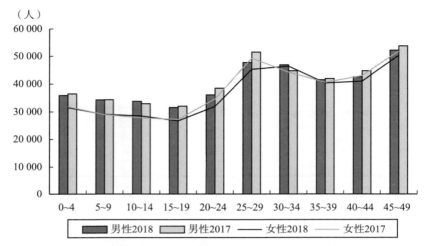

图 1-6 我国重要年龄区间的男女规模对比（2017~2018 年）

资料来源：图中数据并非人口普查数据，而是国家统计局于所在年份的 1‰ 人口变动调查样本数据。具体抽样比详见出版物中《中国统计年鉴》。图中主要呈现其性别对比关系。

2017 年；同样情况也符合女性规模。我国人口的总体规模是在增加的，但在这些起伏的年龄区间我们会发现，现在的 0~19 岁人口，即是未来 2 个 10 年的我国人口的核心部分，其人口规模远小于当前阶段。柱状体高出折线的部分，都是属于多出的男性人口。此外，0~19 岁区间是女性人口规模与男性人口差距最大区间。具体的，100~105 通常被认为是男女性别比例的合理区间。现阶段 25~29 岁、30~34 岁、35~39 岁、40~44 岁、45~49 岁年龄段处于正常性别结构。性别失衡最严重的区间是 0~4 岁、5~9 岁、10~14 岁、15~19 岁、20~24 岁；从生育角度出发，这个跨度 25 年的性别失衡区间正是下一阶段我国人口的生育旺期群体；随着时间的推进，0~4 岁、5~9 岁、10~14 岁、15~19 岁年龄段性别结构失衡更加严重。从全国层面看，5~9 岁、10~14 岁、15~19 岁、20~24 岁年龄段独生子女居多，老龄化的加深又可能会加剧性别结构失衡在婚育等方面的困难（见表 1-10）。

表 1-10 重要年龄区间性别结构比（2018 年）

年龄区间（岁）	总人口占比（%）	男（%）	女（%）	性别比（女=100）
0~4	5.89	3.14	2.75	113.91
5~9	5.53	2.99	2.54	118.03

年龄区间（岁）	总人口占比（%）	男（%）	女（%）	性别比（女 = 100）
10 ~ 14	5.44	2.95	2.49	118.62
15 ~ 19	5.09	2.76	2.33	118.14
20 ~ 24	5.95	3.15	2.79	112.89

资料来源：本表是 2018 年全国人口变动情况抽样调查样本数据，抽样比为 0.820‰。

东西方国家都存在性别偏好，但并未出现严重的性别结构失衡。图 1 - 6 的 25 ~ 29 岁年龄区间恰似一座山峰，峰的左边是男性超出女性较多；峰的右边则是男女规模相对均衡。我国现阶段迫切需要有效措施，逐步缓解并最终解决性别失衡问题，推进人口结构优化，实现人口适度和均衡的发展。

（二）年龄结构

人口年龄结构指一定时点、一定地区各年龄组人口在全体人口中的比重，又称为人口年龄构成。人口年龄结构是人口自然增长和人口迁移综合作用的结果，是人口再生产的基础和起点。评价不同社会的人口年龄结构，需要一个广泛认同的标准。1956 年联合国《人口老龄化及其社会经济后果》给出一个供各国考察本国人口结构的参照体系。当一个国家或地区 65 岁及以上老年人口数量占总人口比例超过 7% 时，则意味着这个国家或地区进入老龄化[①]。结合当前学术界对于年龄结构类型的划分，即对于人口年龄结构划分的三种类型，即年轻型、成年型和老年型。参考联合国的划分标准，表 1 - 11 对三种类型的基本因素进行了列举。

表 1 - 11　　　　　　人口年龄结构类型的划分标准

类型	少儿人口比重	老年人口比重	老年少儿比	年龄中位数
年轻型	40% 以上	4% 以下	15% 以下	20 岁以下
成年型	30% ~ 40%	4% ~ 7%	15% ~ 30%	20 ~ 30 岁
老年型	30% 以下	7% 以上	30% 以上	30 岁以上

年轻型的人口结构，通常具有更强的精力、活力、创造力和消费力。

---

① 1982 年维也纳老龄问题世界大会，确定 60 岁及以上老年人口占总人口比例超过 10%，即认为这个国家或地区进入严重老龄化。

支撑社会进步的破旧革新、探索前沿的冒险精神、突破边界的科学发现等因素，既依赖社会演进的动力机制，也与人口的年龄结构联系密切。而且，年轻型社会的劳动力优势也具有更明确的经济增长预期。

前工业化社会的生产力较弱，没有老龄化社会形成的土壤和机遇。从全球的宏观视角看，至少在 20 世纪末，全球人口中少儿人口占比在 40% 以上；而且，发展中国家和地区少儿人口占比高，这是全球人口发展的基本事实。与发展中国家人口结构不同，西方发达国家大都已迈入老龄化社会，率先进入工业化是其人口结构演化的客观基础。人口结构是动态演化系统的状态，老龄化意味着老年人口占总人口比重上升，与此同时少儿人口比重下降，低生育率是其中的重要因素。

老龄化问题不仅困扰先发工业化国家，后发的中等收入国家一样难以避免。在 2010 年之后我国也进入老龄化社会，人口结构的问题从性别结构发展到年龄结构。正处于跨越中等收入陷阱的，低生育率、老龄化、性别结构失衡和城镇化推进等多类问题叠加，加剧我国人口问题的严峻性、复杂性和迫切性。

新中国成立之后，社会生产力提高大大提升了生活水平和卫生水平，同时也快速提高了我国的人均预期寿命。1949~1959 年是我国人口第一个生育高峰期，目前正处于 60~70 岁，占比超过人口的 10%，属于界定老龄化的主要人群。与此相对应的是近年人口出生率较快下降。

很多人认为严苛的生育政策推行过长时间，且没有及时调整，是形成当前低生育率的主要原因。这种观点似乎不能解释生育率比我国更低的韩国等儒家文化圈国家。从经济学的视角分析，对于个体而言，跨入中等收入和跨越中等收入的国家，其生育的机会成本远高于经济欠发达地区，而生育自主性加强更加强化了下降的生育欲望。综合这些因素，我国的老龄化逐渐加深成了必然趋势，这也是西方发达国家现在的人口发展困境。图 1-7 对我国 2008~2019 年 60 岁及以上人口的人口占比和绝对规模以阶梯图的形式展现。

老龄化社会通常呈现出一种加速发展的趋势。2008~2019 年我国 60 岁以上人口净增加将近 1 亿人，其规模已超过 2019 年德国总人口。显然，老年人口仍将在此基础上继续增加。65 周岁以上人口占比是衡量深度老龄化的重要指标。图 1-8 对 2019 年我国的全部人口划分为 0~15 岁、16~59 岁、60~64 岁、60 周岁及以上和 65 周岁及以上等若干年龄区间，通过组合饼状图展示相关人口比例关系，具体参考图 1-8。

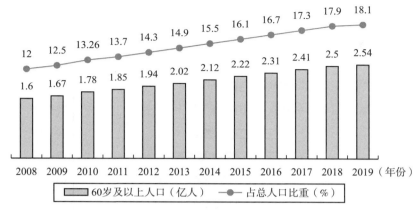

图 1-7 我国老年人口增量发展 (2008~2019 年)

资料来源：相应年份中国统计年鉴、相应省份统计年鉴和统计公报，其中部分数据来自 EPS，课题组在此基础上对相关数据进行了整理。

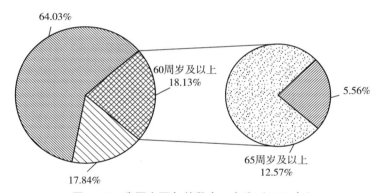

图 1-8 我国主要年龄段人口占比 (2019 年)

资料来源：相应年份中国统计年鉴、相应省份统计年鉴和统计公报，其中部分数据来自 EPS，课题组在此基础上对相关数据进行了整理。

按照国际通行的老龄化划分标准，我国 60 岁以上人口占比 18.13%、65 周岁以上人口占比 12.57%，以维也纳标准和联合国标准进行测度，其结论具有一致性，即当前我国已进入严重老龄化阶段。0~15 岁以下人口占比仅 17.84%，占比不算特别低，但要考察未来 5~10 年人口年龄结构，需要更细化的区间数据。选择以 5 年间隔对应性别结构和年龄结构，将 2018 年我国人口性别结构和年龄结构以塔形图表示，如图 1-9 所示。

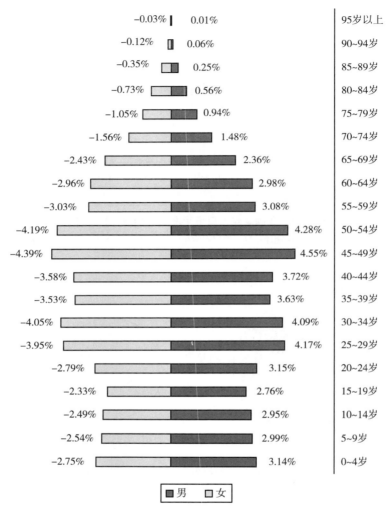

−0.03% ▮ 0.01%	95岁以上
−0.12% ▯ 0.06%	90~94岁
−0.35% ▢ 0.25%	85~89岁
−0.73% ▢ 0.56%	80~84岁
−1.05% ▢ 0.94%	75~79岁
−1.56% ▢ 1.48%	70~74岁
−2.43% ▢ 2.36%	65~69岁
−2.96% ▢ 2.98%	60~64岁
−3.03% ▢ 3.08%	55~59岁
−4.19% ▢ 4.28%	50~54岁
−4.39% ▢ 4.55%	45~49岁
−3.58% ▢ 3.72%	40~44岁
−3.53% ▢ 3.63%	35~39岁
−4.05% ▢ 4.09%	30~34岁
−3.95% ▢ 4.17%	25~29岁
−2.79% ▢ 3.15%	20~24岁
−2.33% ▢ 2.76%	15~19岁
−2.49% ▢ 2.95%	10~14岁
−2.54% ▢ 2.99%	5~9岁
−2.75% ▢ 3.14%	0~4岁

■ 男　□ 女

图 1－9　全国分年龄段人口分布塔形（2018 年）

资料来源：相应年份中国统计年鉴、相应省份统计年鉴和统计公报，其中部分数据来自 EPS，课题组在此基础上对相关数据进行了整理。

　　图 1－9 数据是基于 2018 年的 1% 人口抽样调查样本数据基础之上进行 1‰人口变动调查样本数据，来源于《中国统计年鉴（2017）》。可以很直观地发现，目前人口比例最大的几个年龄区间分别是 45 ~ 55 岁和 25 ~ 35 岁；处于塔基部分的是我们的青少年，也即是未来 10 ~ 20 年的社会中坚人群，其人口占比相对较少。占比相对较少的年龄群体是 15 ~ 20 岁区间，这部分人群集中出生于 2000 年左右。

　　发达国家因为率先进入工业化，先发优势使其在老龄化之前已经积累了较高的人均资源，因此在面对老龄化挑战时候具有更从容做选择的空间。发展中国家属于后发群体，各项基础设施、医疗保障、管理经验等大都难以应对老龄化挑战。我国是人口大国，老年人口规模大、增长快，时间越向前，高龄化、失能化、空巢化的程度越严重，养老问题异常严峻。图1-9塔基薄弱、塔顶过重，时间推移必然形成膨胀塔顶；薄弱塔基将成为脆弱的"腰"。而要解决这个"脆弱"，一方面是引入外来青壮年人口。移民问题美国和欧洲已经处于进退两难之中，这给我们极大的教训；另一方面就是提高生育率，夯实塔基。这就面临另外一个挑战，即"生育率陷阱"。

　　卢茨（W. Luts，1997）"低生育陷阱"观点主要是，生育率下降到一定程度时候，如总和生育率低于1.5，由于生育观念、生活压力、社会价值观等因素，生育率的下跌惯性很难或不能逆转。虽然我国统计部门极少公布总和生育率[①]，但各界都认为我国已进入低生育率阶段。对于塔顶和塔基人群构成的变化，图1-10选择2000～2019年我国0～14岁人口数量和65岁以上人口数量的发展趋势。

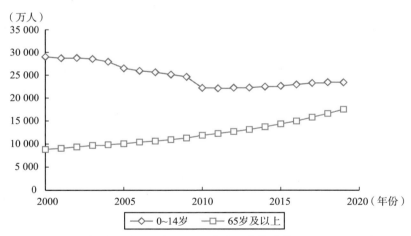

图1-10　全国65岁以上与0～14岁人口变化趋势（2000～2019年）

　　资料来源：相应年份中国统计年鉴、相应省份统计年鉴和统计公报，其中部分数据来自EPS，课题组在此基础上对相关数据进行了整理。

---

　　①　2010年人口普查显示，2010年全国总和生育率为1.18110，其中"城市"为0.88210，"镇"为1.15340，"乡村"为1.43755。这个数据置于城镇化大背景下，2020年人口普查的总和生育率必然更低。如前所述，城市生活的经济成本极大提高生育的机会成本，这是生育率下降的重要原因。

图 1－10 两条曲线上升和下降趋势显著但又有所不同。0～14 岁属于新增人口，较大程度受生育率影响；65 岁以上人口是随着时间相对稳定变化的中老年人口，受经济条件、社会条件和医疗保障等因素的影响。我国 65 岁以上人口规模进入 21 世纪之后增速较快。2000 年刚超过 8 000 万人，2019 年接近 18 000 万人，预计 2020 年超过 2 亿人，即 10 年时间 65 岁以上人口增加 1 亿多人；0～14 岁人口的变化趋势则一路下降。2000 年 29 000 万人，2019 年已经下降到 23 000 多万人。塔基过于脆弱，将成为社会良性发展的阻碍。但扩大塔基需要多方因素。即使目前放开生育政策，短时间也无法夯实塔基。一方面，生育率的提升在生理基础方面具有年龄、时间周期等限制；另一方面，社会因素、文化因素、经济因素等，已成为现代社会生育选择的重要基础。"低生育陷阱"惯性难以逆转。脆弱的塔基承受庞大的塔尖，对于社会发展、经济发展、科技发展以及医疗资源分配等，都将是沉重的负担（见图 1－11）。

通常情况下，儿童和老人需要社会更多的帮助。因此，规模庞大且快速增长的老年人口群体，以及需要抚养和教育的青少年群体，需要社会承担更多。抚养比是衡量社会负担程度的通用指标，是测度劳动力人均负担的非劳动力人口的程度。抚养比可以细分为少儿抚养比和老年抚养比。其中，少儿抚养比指人口中少年儿童人口数与劳动年龄人口数之比；老年抚养比则指人口中非劳动年龄人口数中老年部分对劳动年龄人口数之比；总抚养比指在人口当中非劳动年龄人口对劳动年龄人口数之比，同时覆盖老年抚养比和少儿抚养比。显然，抚养比越大，劳动力人均负担人数越多，抚养负担越重。图 1－12 对我国少儿抚养比、老年抚养比和总抚养比分类趋势做了描述。

图 1－12 有以下几点值得解读：

第一，总抚养比趋增。2000 年总抚养比为 42.6%，其中大部分是少儿抚养。经历过 2010 年的低点 34.2% 之后，总抚养比逐年走高。推动其上升的原因主要是老龄化程度提高。

第二，少儿抚养比总体稳定。进入新世纪后少儿抚养持续下行，成为总抚养比下降的主要推力。近年"全面二孩"等政策未能形成持续生育冲击，因此少儿抚养比变化较小，总体趋于稳定。

第三，老年抚养比单调递增。图 1－12 中每组柱状图中最短的灰色线条是老年抚养比。很显然，随着时间线，每一年的老年抚养比都在增加，2000 年是 9.9%，2019 年是 17.8%，预计 2020 年在 20% 左右。

（年份）

年份	0~14岁	65岁以上	15~64岁
2019	16.78	12.57	70.65
2018	16.86	11.94	71.20
2017	16.80	11.40	71.80
2016	16.70	10.80	72.50
2015	16.52	10.47	73.01
2014	16.50	10.10	73.40
2013	16.40	9.70	73.90
2012	16.50	9.40	74.10
2011	16.50	9.10	74.40
2010	16.60	8.90	74.50
2009	18.50	8.50	73.00
2008	19.00	8.30	72.70
2007	19.40	8.10	72.50
2006	19.80	7.90	72.30
2005	20.30	7.70	72.00
2004	21.50	7.60	70.90
2003	22.10	7.50	70.40
2002	22.40	7.30	70.30
2001	22.50	7.10	70.40
2000	22.90	7.00	70.10

☐ 0~14岁人口所占比重（%）　　☐ 65岁以上人口所占比重（%）
■ 15~64岁人口所占比重（%）

图 1-11　全国分年龄段人口占比趋势（2000～2017 年）

资料来源：相应年份中国统计年鉴、相应省份统计年鉴和统计公报，其中部分数据来自 EPS，课题组在此基础上对相关数据进行了整理。

（三）城乡结构

城乡"二元"结构是我国的重要特征。"城镇化"和"工业化"[①] 虽然推进多年，但仍是我国当前的重要内容。打破、融合和重构"二元"结

---

① 西方国家的城市化（Urbanization），在我国大部分语境下是"城镇化"。国家发展改革委员会《人口和社会发展报告（2014）》认为，"Urban"包含城市（city）和城镇（town）。由于欧洲许多国家较小，镇的人口较少，甚至没有"镇"这一建制。西方城市化强调一个国家或地区的农村向城市转变的过程。中国的社会结构和治理结构与西方差距较大，"镇"是行政体系的重要一个节点，且人口规模相当于国外小城市。农村人口向"city"转移和集中的同时，还向"town"转移。本书沿用政府文件和主流文献"城镇化"的提法。

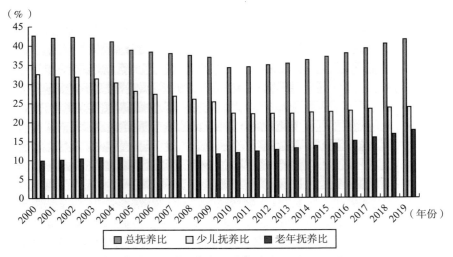

图1-12 我国抚养比分类趋势（2000～2019年）

资料来源：相应年份中国统计年鉴、相应省份统计年鉴和统计公报，其中部分数据来自EPS，课题组在此基础上对相关数据进行了整理。

构，对我国继续深化改革、活跃市场、推动要素流动具有重要意义。刘易斯（W. A. Lewis，1954）在其《劳动无限供给条件下的经济发展》一文中阐述"两个部门结构发展模型"，揭示发展中国家并存着自给自足的农业经济体系和城市现代工业体系两种不同的经济体系，这两种体系构成了"二元经济结构"。由于发展中国家农业中存在着边际生产率为零的剩余劳动力，因此农业剩余劳动力的非农化转移能够促使二元经济结构逐步消减。此后费景汉和拉尼斯（H. Fei and G. Ranis，1964）修正了刘易斯模型中的假设，在考虑工农业两个部门平衡增长的基础上，完善了农业剩余劳动力转移的二元经济发展思想。这是推进城镇化和工业化的一个理论基础。

基于就业激励，人口从乡村流出聚集于城市，是东西方工业化进程的普遍模式。西方"工业化"和"城市化"基本同步推进，我国"工业化"和"城镇化"具有时空分离特征，很大程度还是"空间城市化"与"人口城市化"割裂。除了工业化演进的历史阶段不同，工业化进程也和所在区域的文化、历史和习俗等相关。这些因素决定了我国二元结构转向城镇化的过程不同于西方国家。

城镇化是指人口向城镇地区聚集和乡村转变为城镇的过程。通常界定城镇化有静态视角和动态视角。静态视角将城镇化视为一种状态，指城镇人口占社会总人口比重、城镇经济国民经济体系比重、城镇生活方式在社会生活中接受程度、普及程度和发展状态等；动态视角将城镇化视为一种过程，其中包含四个转换过程：其一是人口转换，即农业人口转化为非农业人口，并逐渐向城镇集聚的过程；其二是经济结构转换，即生产要素从农业向非农产业转换、第一产业为主导向第二、第三产业转换，要素向城镇集聚的过程；其三是地域转换，即城镇的形成在数量上逐渐增多、规模上不断扩大、功能设施上逐步完善的过程；第四是生产方式和生活方式转换，即农村生活方式、价值理念逐渐向城镇生活方式转变的过程。这既是所说的动态的城镇化过程。

　　我国的城镇化是一个长期过程，农业、农村和农民在很长时期内仍占有绝对比重。随着生产力提高和社会经济持续增长，生产要素逐渐流向城市；与此同时，城市发展也会影响和推进农村生产方式与生活方式，城乡逐渐接轨并动态实现城乡一体化。传统计划经济体制下生产要素脱离了市场平台的供求机制，驱动型"土地城市化"不可持续；现阶段我国转向市场驱动型"人口城市化"，实现农业人口就地就近转移的新型城镇化。这是"十三五"城乡融合发展的一个重要目标，仍将继续在未来"十四五"持续深入。

　　图1-13对我国1989～2019年的城镇人口与农村人口变化情况绘成图形，选择一个直接的视角察看其规模变化。

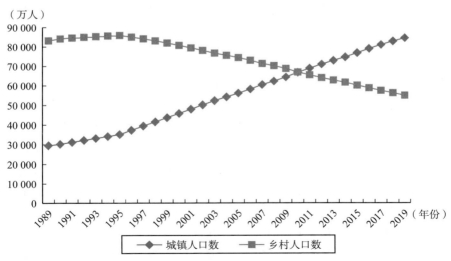

图1-13　城乡人口规模变化趋势（1989～2019年）

图 1 - 13 的交叉点是城乡人口切换的临界点，是我国城乡变化的一个里程碑。2010 年我国城镇人口 6.6978 亿人，占全部人口 49.95% ；农村人口为 6.7113 亿人，占比为 50.05% 。2011 年城镇人口规模超过乡村人口，我国城镇化进程迈入了一个新的阶段。将城乡人口规模变化转化为城乡人口占比的变化，更加直观反映城镇化进程带来的人口集聚趋势，如图 1 - 14 所示。

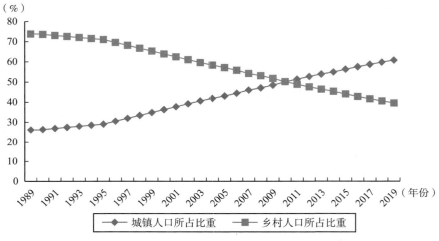

图 1 - 14　城乡人口占比变化趋势（1989 ~ 2019 年）

资料来源：相应年份中国统计年鉴、相应省份统计年鉴和统计公报，其中部分数据来自 EPS，课题组在此基础上对相关数据进行了整理。

图 1 - 13、图 1 - 14 的图形趋势类似，但坐标轴的含义不同。1989 年我国乡村人口占全国人口高达 73.79% 。新中国成立 40 多年，我国虽然在工业化的道路取得很多成绩，但人口流动并没有随工业化的推进转向快速的城镇化。一方面说明我们前期的社会发展工作存在许多遗漏；另一方面，也意味着我国在那个节点，蕴含着巨大的市场潜力、人口潜力和资源潜力。在 1995 年之后，我国的城镇化显著加速。2019 年我国城镇人口已经到达 60.60% 。1989 ~ 2019 年，我国城镇人口的占比就从 26.21% 提升了近 35 个百分点。

城市化进程不是简单线性路径，在高速低速穿插交互发展的同时，推进到较高程度时可能呈现 "S" 形调整，即所谓的局部的 "逆城市化"。通常认为，城镇人口占比低于 30% 是城镇化发展初级阶段，30% ~ 70%

为城市化加速阶段，70% 以上为城市化后期阶段。参照这个划分标准，2019 年我国城镇人口占总人口比重（城镇化率）为 60.60%，应该归类为城镇化中后期，目前仍处于发展较快的阶段，但距离原有模式下的发展减速区间一步之遥，如表 1 – 12 所示。

表 1 – 12　　　　　　　　　　城市化进程的分类标准

城市化阶段	城市化程度	城市化推进速度
城市化初期	低于 30%	比较慢
城市化中期	30% ~70%	非常快
城市化后期	高于 70%	比较慢

注：分类标准参考中国科学院中国现代化研究中心《中国现代化报告 2013——城市现代化研究》。基于相关信息自行绘制表格。

"十三五"期间我国从传统粗放的城镇化演进模式逐渐过渡到新型城镇化，由过去的政策驱动转向市场驱动为主，弱化土地城镇化，强调"人"的城镇化，以"人口"为核心提升城镇化发展质量。我国近年以每年超过 1 个百分点的城镇化速度推进，契合表 1 – 12 对城市化进程的分类。展望我国城镇化的下一步发展目标，国家发展和改革委员认为，2030 年左右我国城镇化率将达到 70% 左右[①]，同时以户籍锁定城乡身份的做法也将放弃。

（四）民族结构

我国目前超过 14 亿人口，由 56 个民族共同组成，其中汉族是主体民族，汉族人口占有绝对多数。基于人口分布、人口政策、人口文化等因素的差异，各民族人口的发展速度并不相同，这是人口民族结构动态变化的主要原因。基于多次人口大普查数据和抽样调查数据结果分析，汉族的人口增长速度低于回族、维吾尔族等少数民族。

2010 年人口普查数据显示，汉族人口为 12.26 亿人，占 91.51%；各少数民族人口为 1.14 亿人，占 8.49%。相比 2000 年第五次全国人口普查相比，汉族人口增加 6 653.72 万人，增长 5.74%；各少数民族人口增

---

① 对于我国是否能达到 70% 的城镇化率仍未形成统一观点。中国城市科学研究会理事长仇保兴教授认为中国城镇化率在 65% 左右即可能到顶。主要理由是我国的农耕文明、土地制度等因素与欧美发达国家不同，因此不能简单参考西方国家的城镇化路线和节点。

加 736.26 万人，增长 6.92%。表 1 - 13 是 2000 年和 2010 年人口普查中
人口规模最大的 10 个少数民族。

表 1 - 13　　　　我国少数民族人口规模（2000 ~ 2010 年）　　单位：万人，%

排名	民族	2010 年	2000 年	人口增速
1	壮族	1 692.6381	1 617.8811	4.62
2	回族	1 058.6087	981.6805	7.84
3	满族	1 038.7958	106.82262	- 2.76
4	维吾尔族	1 006.9346	839.9393	19.88
5	苗族	942.6007	894.0116	5.43
6	彝族	871.4393	776.2272	12.27
7	土家族	835.3912	802.8133	4.06
8	藏族	628.2187	541.6021	15.99
9	蒙古族	598.1840	581.3947	2.89
10	侗族	287.9974	296.0293	- 2.71

资料来源：国家统计局 2000 年和 2010 年人口普查数据。

少数民族占全国人口总数的比例，从 1953 年占全国人口 6.1%，到
1990 年的 8.04%，2000 年的 8.41%，2010 年 8.49%，2015 年的抽样统
计数据中已经上升到 8.54%。从民族类别来看，增速最高的维吾尔族 10
年增长近 20%。其他如藏族、彝族和回族，也具有极高的人口增速。近
几十年少数民族人口增速远高于汉族。人口政策的非平衡性，以及其他
社会生活、经济生活以及其他一些方面的福利倾斜，是促成这一现象的
重要原因。当然，汉族主要聚集在中东部地区，大都接受现代生活方式，
受教育程度和市场化程度相对较高，也是生育率降低的原因。

图 1 - 15 是民族自治地方 2000 ~ 2018 年少数民族人口与总人口规模
变化关系图。从图形上来看，基本上保持着结构的稳定，并未出现较明
显打破结构性平衡的节点。总量上，民族自治地方人口都处于增长趋势。
如前所述，各少数民族直接增长速度存在差异，少数民族与主体民族汉
族的增长速度也存在差异。从民族间人口绝对规模转向民族自治地方少
数民族占总人口比重的变化趋势，可以体现最近 20 年来少数民族人口与
汉族人口增长的相对趋势。选择对图 1 - 15 的绝对数值进行转换，形成

图 1 - 16 的比例趋势，图中串联各点的值是民族自治地方少数民族人口规模占总人口的比重。

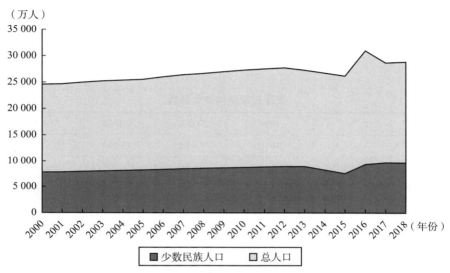

图 1 - 15 　民族自治地方人口状况（2009 ~ 2018 年）

注：民族自治地方是指 5 个民族自治区、30 个民族自治州和 120 个民族自治县（旗）的全部民族自治范围，且不重复计算。

资料来源：相应年份中国统计年鉴、相应省份统计年鉴和统计公报，其中部分数据来自 EPS，课题组在此基础上对相关数据进行了整理。

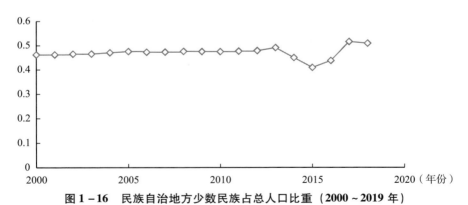

图 1 - 16 　民族自治地方少数民族占总人口比重（2000 ~ 2019 年）

资料来源：相应年份中国统计年鉴、相应省份统计年鉴和统计公报，其中部分数据来自 EPS，课题组在此基础上对相关数据进行了整理。

2000 年民族自治地方少数民族人口占区域总人口比重低于 50% ，在最近两年已经超过 50%。从全国范围看，中华人民共和国国家统计局《2015 年全国 1% 人口抽样调查主要数据公报》显示，目前我国大陆 31 个省、自治区、直辖市和现役军人的人口中，汉族人口为 12.56 亿人，占 91.46%；各少数民族人口为 1.17 亿人，占 8.54%。统计数据较少公布民族维度的人口数据，相关信息披露有限。对于我国汉族和少数民族人口的历次重要统计数据，已经归集于表 1 - 14。

表 1 - 14　　　　　　　　　　我国民族结构变化数据

	1990 年	2000 年	2010 年	2015 年
汉族（万人）	104 248	115 940	122 593	125 614
汉族占总人口比重（%）	91.96	91.59	91.51	91.46
少数民族（万人）	9 120	10 643	11 379	11 735
少数民族占总人口比重（%）	8.04	8.41	8.49	8.54

资料来源：国家统计局《2015 年全国 1% 人口抽样调查主要数据公报》。

上述数据存在滞后性，并不能客观反映当前的人口发展状态。如果把人口统计数据聚集在新生儿，民族间人口发展差异更加显著。据 2005 年的全国抽样数据显示，与第五次全国人口普查相比，新生儿中少数民族比例为 14%，汉族人口占 86%，也就是未来少数民族占中国人口将达到 14% 以上。汉族比例将会下降到 86% 以下。2020 年我国将进行第七次人口普查，获得更细致更清晰区域人口变化情况，有助于从宏观到微观掌握我国的人口结构变化。

第二章

我国人口发展问题

生产力提升改变世界发展的趋势，包括区域发展格局、居民生活方式和传统文化内涵。生产力发展的不平衡也加剧国际人口发展差异。全球人口发展问题具有个体性、局部性和异质性，又呈现普遍性、阶段性和关联性。当前世界人口发展特征归纳起来可以分为四个方面：其一，生育率分化。简单说来就是先发工业化国家持续走低，而发展中国家却有不少正持续攀升。其二，老龄化的全球蔓延。其三，全球人口聚集度提高。世界的"中心极"在增加，各地的城镇化也在推进。其四，"再工业化"加速人口演化发展。工业化是社会发展进入现代化的推力，科技驱动"再工业化"，人口发展从劳动力竞争转向高素质人口竞争。强化和提升劳动力素质成为发展的基本要求，高素质劳动力国际流动成为趋势。

一、低生育率常态

传统文化中的儒家文化圈一直存在"多子多福"等生育偏好。2015年韩国、中国香港、中国台湾、中国澳门和新加坡的总和生育率分别是1.25、1.17、1.11、1.3 和 1.2。显然，现阶段的生育率现实与"多子多福"的儒家传统已经渐行渐远。

我国在松绑"一胎化"生育政策之初，不少学者认为放松生育限制将面临报复性增长，几十年的计划生育成果也将付之东流。从今天来看，彼时的担心显然杞人忧天。21 世纪的几次全国人口普查反而揭示不断走低的总和生育率（Total Fertility Rate，TFR）。2000 年普查为 1.22，2010年普查为 1.18，2015 年小普查（1% 全国抽样调查）为 1.05。学者们对生育水平调整结果观点不一，但大体认同生育水平 2000 年在 1.8 左右、2010 年在 1.7 左右、2015 年在 1.6 左右。综合调整后的生育水平仍然低于 2.1，从趋势来看必然将持续下降。

结合过去公布的一些总和生育率数据，绘制成表 2-1，对新中国成立后我国女性生育率水平进行了基本总结。总和生育率是根据某个时期如某一年的 15～49 岁的妇女的分年龄生育率（Age – specific fertility rates，ASFRs）加总而得出的。总和生育率作为一个时期指标，是各个年龄组的妇女在这个时期的生育行为的集中展现，是各年龄组妇女在这个时期的生育行为的真实写照。而总和生育率的任何变化必然是分年龄生育率变化的结果，通过考察分年龄生育率变化能更好地把握总和生育率动态。表 2－1 是根据 2000 以来我国三次重要的人口调查数据进行处理所形成的内容，较好体现将近 15 年来我国女性综合生育率的变迁。

表 2－1　　中国分年龄生育率和总和生育率（2000 年、2010 年、2015 年）

年龄区间	分年龄生育率（‰）			比例（%）			分年龄生育率变化（‰）		
	2000 年	2010 年	2015 年	2000 年	2010 年	2015 年	2000～2010 年	2010～2015 年	2000～2015 年
15～19	6.0	5.9	9.2	2.5	2.5	4.4	-0.5	16.5	16.0
20～24	114.5	69.5	55.0	47.0	29.4	26.1	-225.0	-72.5	-297.5
25～29	86.2	84.1	74.3	35.4	35.6	35.2	-10.5	-49.0	-59.5
30～34	28.6	45.8	45.3	11.7	19.4	21.5	86.0	-2.5	83.5
35～39	6.2	18.7	18.6	2.5	7.9	8.8	62.5	-0.5	62.0
40～44	1.5	7.5	5.4	0.6	3.2	2.5	30.0	-10.5	19.5
45～49	0.7	4.7	3.1	0.3	2.0	1.5	20.0	-8.0	12.0
总计	1 218.5	1 181.0	1 054.5	100.0	100.0	100.0	-37.5	-126.5	-164.0
TFR	1.22	1.18	1.05						

资料来源：表格绘制参考顾宝昌、侯佳伟、吴楠：《中国总和生育率为何如此低？——推延和补偿的博弈》，载《人口与经济》2020 年第 1 期，第 49～62 页。

分年龄生育率变化数据中最令人吃惊的是 20～24 岁与 25～29 岁区间。从 2000～2015 年这个结论列中可以发现，20～24 岁下降了 29.75%；25～29 岁区间下降了 5.95%。以此对应的是 30～34 岁区间、35～39 岁区间的生育率增加，分别增加了 8.35% 和 6.20%。当然，前面年龄段下降的幅度远超出后期增加的部分。事实上，这一现象先发国家早已经历过。许多聚焦欧洲低生育率的研究表明，低生育水平下的人口总和生育率的波动往往是生育行为中的推延效应（postponement）和补偿效应（recuperation）互相博弈的结果。生育行为的推延效应可以对作为时期生育率反映的总和生育率产生压低作用，生育行为的补偿效应则可以对作为时期生育率反映的总和生育率产生抬高作用。在某个时期内，推延效应的强弱和补偿效应的强弱造成的它们之间的博弈结果最终决定了这个时期的总和生育率的走向。现阶段我国经济高速发展，人口流动频繁，许多制度建设并未很好的关注到生育领域，这在客观上增加了年轻人结婚和生育的难度，补偿效应并未很好地发生作用。

顾宝昌、侯佳伟和吴楠（2020）做了一个非常有价值的研究。他们根据前述统计数据进行一个假设，假定 2010～2015 年期间未出现补偿效应，即 2010 年和 2015 年这两个年份的 30～49 岁分年龄生育率等同于 2000 年的 30～49 岁的分年龄生育率，15～29 岁分年龄生育率为调查所得结果。那么 2010 年的总和生育率将会更低。假设的数据如表 2－2 所示，这也是来其研究成果，引用时进行了技术性调整。

表 2－2　　　　　无补偿效应的中国分年龄生育率和
总和生育率（2000 年、2010 年、2015 年）

年龄区间	分年龄生育率（‰）			比例（%）			分年龄生育率变化（‰）		
	2000 年	2010 年	2015 年	2000 年	2010 年	2015 年	2000～2010 年	2010～2015 年	2000～2015 年
15～19	6.0	5.9	9.2	2.5	3.0	5.2	－0.5	16.5	16
20～24	114.5	69.5	55.0	47.0	35.4	31.3	－225.0	－72.5	－297.5
25～29	86.2	84.1	74.3	35.4	42.8	42.4	－10.5	－49.0	－59.5
30～34	28.6	28.6	28.6	11.7	14.6	16.3	0.0	0.0	0.0
35～39	6.2	6.2	6.2	2.5	3.2	3.5	0.0	0.0	0.0
40～44	1.5	1.5	1.5	0.6	0.7	0.9	0.0	0.0	0.0
45～49	0.7	0.7	0.7	0.3	0.3	0.4	0.0	0.0	0.0
总计	1 218.5	982.5	877.5	100.0	100.0	100.0	－236.0	－105.0	－341
TFR	1.22	0.98	0.88						

对比表 2－1 和表 2－2，生育率数据剔除补偿效应之后，下降的比预想更多。2015 年的总和生育率从小普查报告的 1.05 下降到 0.88 的水平。这意味着，如果仅有推延效应却无补偿效应，我国的生育率水平将会更低。表中数据 0.88 已经低于 1，意味着人口规模将整体快速收缩，这对

于一个希望可持续发展的民族和国家而言必然无法接受。

随着我国生育率的持续走低，引起社会广泛关注。乐观态度的研究者认为，中国目前并不存在所谓的生育率陷阱，目前的低生育率是暂时现象，原因生育政策的高压态势取消，生育率会爆发性反弹。课题组对未来我国生育率持较悲观太多，认为中国目前的生育率仍未到底，持续下探的概率极大。从生育意愿角度出发，我国已低于欧洲国家。在生育政策维度，包括儿童照料、看护和公共服务支撑等，也弱于发达国家。综合这些因素，我国生育率的恢复短期内不太可能。

在我们谈论生育率的时候，不能忽略更前端的婚姻问题。从客观上看，前工业化社会的婚姻问题，其刚性约束主要是包含财富取向的婚配梯度和人口发展的性别结构。如战乱中男丁死亡过多，战后女性很难获得配偶等，此类问题不在本课题讨论之内，我们只针对婚姻问题展开分析。

和西方国家不同，我国整体上非婚生子女的比例低到可以忽略。正因为如此，结婚率变化与生育率变化呈现出显著的正相关关系。图 2-1 展示了 2000～2018 年我国结婚率和离婚率走势。在此基础上，也将粗离婚率①的相关数据进行了描点，有利于客观把握人口生育率所依存的婚姻背景。

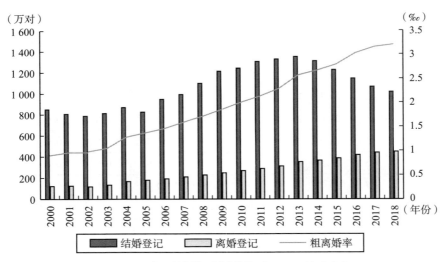

图 2-1　我国结婚与离婚趋势（2000～2018 年）

资料来源：相应年份中国统计年鉴、相应省份统计年鉴和统计公报，其中部分数据来自 EPS，课题组在此基础上对相关数据进行了整理。

---

① 粗离婚率（crude divorce rate）是指年度离婚数与总人口之比。通常以千分率表示。

图 2 - 1 的三个指标走势都非常清晰。首先是稳步上升的离婚规模，最新的数据是接近 450 万对，2000 年时离婚规模仅停留在 121.29 万对。不到 20 年离婚规模翻了 3 倍多；与此对应的是结婚率下降趋势。2013 年到达峰值 1 346.93 万对之后，2018 年回落到 1 013.94 万对，与 2008 年结婚规模接近，而 2008 年我国的总人口规模是 122 000 万人。粗离婚率数据也是呈现单调递增趋势。2000 年是 0.9‰，到了 2018 年 3.2‰，翻了 3 倍多。所以这些数据支持前面的一个结论，我国的生育率仍将继续下探，目前远不是底部。

低生育趋势肯定继续下探，或将长期持续。原因是多方面的，经济、社会、制度、价值观等都有其影响和地位，低生育率是我国目前以及未来一段时间的常态。从人口均衡发展角度，必须调整当前的生育政策。本书的研究目标是呈现相关问题，不对生育政策调整问题展开，我国生育率走低包括多方因素：

（1）生育惯性的短期影响。短期行为肯定有其长期逻辑。目前生育群体在生育选择时候所体现出来的短期特征，很大程度是各种因素综合作用下的惯性选择，没有太多"为什么"和"是什么"，更多是一种环境影响下的锚定心理。从"多子多福"到"一儿一女"的"好"字组合，再到今天"生一个就够了"甚至不生的心理转变，长期的"一胎化"生育政策是一个重要推手。以往我国婚内生育还需要各种章、证、审批等，这是一种高昂的社会交易成本，通俗所说的"麻烦"。这种"麻烦"惯性使"一胎化"独生子女政策已内化为价值观和生活方式。

（2）生活方式的长期影响。生活方式包含社会生活方式、个人生活方式、精神生活方式等多维度内容。长期影响下的生活方式会重塑社会体系下的个人价值观。我国现阶段的家庭观和个人婚育观等，与 20 世纪末就有很大区别，更不必对比 60～70 年代的父辈。其他因素如经济发展、文明进步和国际交流，对传统中国人价值观和生活方式形成冲击，国民生活方式日益多元化。新生活、新文化和新理念冲击下，部分人将自我价值和自我实现排在优先级也很常见。

（3）经济发展的持续影响。经济快速发展加剧了我国"梯级"区域发展形成的空间不平衡，生活成本上升提高了生育成本。"生育"是自然行为，也是社会决策。生育文化不能脱离所处社会阶段。当社会处于高强度竞争、高生活成本、高生育成本和高养育成本阶段，个体生育意愿必然受到抑制。作为经济发展的负面影响，生产要素的机会成本也提升。教育水平提升了"人"的社会成本增加，迫使"人"事业选择、职业选择、生活选择的取舍。女性生育的机会成本高于男性也让女性在经济发展过程中更谨慎选择生育。

图 2-2 的数据聚焦在 2017 年，是我国施行"全面二孩"后的生育释放期。对比 2017 年之前的数据可以发现，2017 年一孩和三孩生育率出现较大提升，二孩生育率则出现极大冲击。这种"全面二孩"的生育释放冲击特征非常明显，从时间上判断，也仍处于政策执行后社会弹性反应的周期中。综合多方面因素，本课题组认为图 2-2 的数据和正常生育水平有较大偏差。以上判断可以在 2020 年人口大普查数据后再展开深度分析。

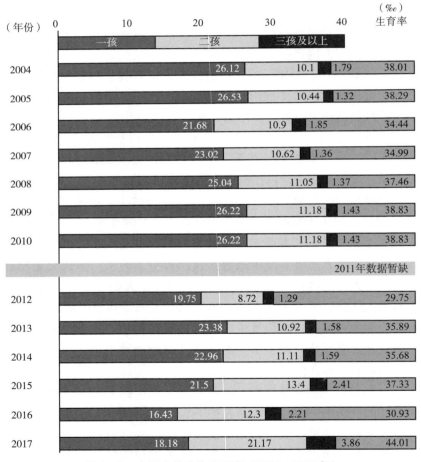

图 2-2 中国女性孩次生育率（2004～2017 年）

资料来源：国家统计局《中国人口和就业统计年鉴（2019）》。图中 2017 年数据抽样时间是 2017 年 11 月 1 日至 2018 年 10 月 31 日。出于图表时间连续性，把综合性数据列入 2017 年。

随着"全面二孩"的常态化,多孩次生育现象可能增多,但终身未婚、终身未育现象也在增多,这既是社会发展给予个人生育选择的权利,却也是社会发展无法回避的现实。

综合考察 2015~2019 年的相关数据,能清晰地看到"全面二孩"实施多年后生育率起伏的一个轨迹。从增量上来看,与政策推行之处的预期相差较大,实际生育效果未达成预期。对于我国这样的人口大国,要实现人口的长期均衡发展,生育率必须回升到更替水平,尤其在人口结构出现较大问题的背景下。欧美发达国家的人口发展之路,已经提供很多经验教训。这就需要我们立足我国人口发展现实,尊重人口发展规律,解决人口发展相关问题,实现人口均衡发展。

二、老龄化将加速

"老龄化"是近年全球关注的热点。一方面是先发的工业化国家大都已深陷其中,引进外来移民的过程中,爆发出许多问题;另一方面,全球生产力的整体提升让更多的人有了物质保障,医疗卫生条件的改善也让预期寿命得以提高。老龄化与低生育率本质是对偶问题,而且老龄化和性别结构失衡、人口分布失衡等,都可归于人口结构问题。我国的老龄化加速超出了大部分学者的预估,原因也无外乎几个因素:第一是低估了长期以来的生育管控对社会生育观念的持续性破坏;第二是忽略了经济发展和社会发展对个体自主意识的强化;第三是经济高速发展带来的生活压力提升,已对个体婚育选择形成巨大冲击。当然,还有其他一些方面的因素。综合来看,老龄化问题是全球性难题;我国老龄化问题叠加 20 世纪 80 年代的大规模独生子女现象与城镇化发展等因素,将成为巨大难题。

欧洲工业化最早,进入老龄化的时间也最早。1850 年法国 60 岁及以上人口比例已超过 10%,挪威达到老龄化标准在 19 世纪 80 年代。在亚洲,日本是最早进入工业化的国家,目前 60 岁以上人口超过 20%,65 岁以上人口超过 15%。经济快速发展增加了生育的机会成本,医疗卫生和健康意识增强普遍提升了预期寿命,多方因素使老龄化成为世界普遍性难题。

参照全世界老龄化发展的时间和阶段,可以将先发国家之外的国家按老龄化维度归类。第一类是较早的老龄化国家,如乌拉圭、阿根廷、古巴等,大概在 20 世纪 80 年代进入老年型社会。第二类是 2000 年前后进入老龄化的国，如中国、韩国、新加坡、泰国等。第三类是即将进入型。特征是国家人口整体较年轻，但死亡率和出生率已经开始下降，老年人口加速增长。预计在未来 5 年要进入老龄社会，如印度、印度尼西亚、南非等。第四类国家是人口年轻型，主要是一些西亚和北非国家。距离老龄化仍有 20 年以上的时间，人口中位数偏低，死亡率和出生率呈下降趋势，代表性国家如埃及等。综合来看，后发国家老龄化趋势具有多样性。发达国家的辐射能力有限，周边国家的发展速度有差异，而且自身处于不同的发展阶段。这决定发展中国家人口转变进程差异，而人口规模差异加剧发展中国家人口老龄化程度差距。

日本厚生劳动省 2020 年公开的人口统计数据显示，2019 年日本出生的婴儿数约为 86.52 万人，这是日本第一次出现新生儿低于 90 万人。2019 年日本的死亡人数为 138.11 万人，创下"二战"以来的最高纪录。因此，2019 年，日本的出生人数低于死亡人数的人口"自然减少"达到 51.59 万人。这一差值不仅首次超过 50 万人，也是该数据自 1899 年开始以来最大差值。日本的老龄化和低生育率早已引起多方关注。我国在 2000 年左右迈入老龄化社会，但发展速度很快。2000 年 65 岁以上人口占比不到 8%，到了 2019 年达到 12.6%，60 岁以上人口则达到 18.1%。和发达国家在物资充裕期进入老龄化阶段不同，我国目前的人均收入水平仍处于全球中下游，各项社会保障措施、医疗设施、养老制度等仍不完善。显然，在老龄化应对思路上盲目照搬国外做法行不通，但我们应该积极吸收其管理经验与相关教训，结合我国现实国情积极推进。表 2－3 是我国主要年龄段人口占比与人口中位数趋势数据。

表 2－3　我国主要年龄段人口占比变化趋势（1953～2019 年）

年份	0～14 岁（%）	15～64 岁（%）	65 岁及以上（%）	中位数
1953	36.3	59.3	4.4	22.7
1964	40.7	55.8	3.6	20.2
1982	33.6	61.5	4.9	22.9
1987	28.7	65.9	5.4	24.1
1990	27.7	66.7	5.6	25.3
1995	26.6	67.2	6.2	27.9
2000	22.9	70.1	7.0	30.8

续表

年份	0～14 岁（%）	15～64 岁（%）	65 岁及以上（%）	中位数
2005	20.3	72.0	7.7	33.4
2010	16.6	74.5	8.9	35.2
2015	16.5	73.0	10.5	38.2
2016	16.7	72.5	10.8	39.1
2017	16.8	71.8	11.4	39.9
2018	16.9	71.2	12.0	40.2
2019	16.8	70.6	12.6	40.9

资料来源：表内数据来源于统计年鉴和统计公报，并以四舍五入的方式保留 1 位小数点，呈现数据与某些统计信息略有出入。

我国老龄化程度逐年加深的同时伴随加速加深。1953 年我国 0～14 岁人口比例为 36.3%，65 岁以上人口仅 4.4%，全国的年龄中位数 22.7 岁；经过几十年发展，1982 年我国 0～14 岁人口比重在 33.6%，65 岁以上人口比重 4.9%，相比 1953 年提高 0.5 个百分点。同样的重度老龄化指标，2018 年我国 65 岁以上人口比重 12.0%，一年后则达到 12.6%。在 20 世纪中后期需要 30 年时间，才增加 65 岁以上人口占比的 0.5 个百分点；而到了今天，高度老龄化占比不到一年时间即超过 0.5 个百分点。显然，当前我国的老龄化正处于加速期。中国发展研究基金会 2020 年发布的《中国发展报告 2020：中国人口老龄化的发展趋势和政策》（下称"报告"）显示，2035～2050 年是中国人口老龄化的高峰阶段，根据预测，到 2050 年中国 65 岁及以上的老年人口将达 3.8 亿人，占总人口比例近 30%；60 岁及以上的老年人口将接近 5 亿人，占总人口比例将超 1/3。

人口年龄结构中各年龄阶层是由彼此相互依存的各部分构成。老龄化、高龄化的占比提高，在总人口规模不变前提下，其他年龄人口占比就必然下降。2019 年数据显示，0～14 岁与 65 岁以上人口占比分别为 16.8% 和 12.6%。这个比例相比过去几年，0～14 岁年龄段的人口占比基本上变化不大，而高龄化的 65 岁以上人口占比则增加较快。因此，对应的 15～64 岁人口必然下降，2019 年下降至 70.6%。

我国老龄化到来较为突然，在长期宣传"只生一个好"的环境下，忽视了人口数量与人口结构之间的科学关系。尤其是营造一种全民奉行"我国人口过多"的错误舆论氛围和过度紧缩生育率的背景下，没有做好迎接老龄化的思想准备和物质准备。我国经济发展处于转型背景下提前进入老龄社会，"未富先老"无疑会引致许多意外的困难。

根据人口发展趋势预测，老龄化向高龄化转化同时，0~14岁人口占比将下降更快。中国财政科学研究院课题组在其课题《2020：积极应对人口老龄化的挑战》中，以现有人口数据为基础预测2050年我国老龄人口占比。从2019年统计公报的数据来看其预测相对保守。2019年的60岁以上人口占比达到了18.1%，在其预测报告中为16.8%。根据其预测数据课题组绘制了图2-3。

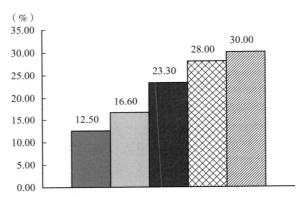

图2-3 我国60岁及以上人口占比预测（2010~2050年）

资料来源：中国财政科学研究院课题组《2020：积极应对人口老龄化的挑战》。

三、城镇化将放缓

"加快改革户籍制度，有序推进农业转移人口市民化，努力实现城镇基本公共服务常住人口全覆盖"。十八大报告提出这一城镇化发展的战略，实际上明确了两个重要因素：流动人口和常住人口。在城镇化推进的语境下，实际上是我们衡量城镇化率的两个重要维度，常住人口的城镇化和户籍人口的城镇化。"十三五"规划纲要提出，2020年中国常住人口城镇化率达到60%，户籍人口城镇化率达到45%。2019年的统计公报显示，2019年我国城镇常住人口84 843万人，占总人口比重（常住人口城镇化率）为60.60%，比上年末提高1.02个百分点。户籍人口城镇化率为44.38%，比上年末提高1.01个百分点。由此看出，常住人口城镇化率已提前一年达到"十三五"目标，户籍人口城镇化率也大概率能在2020年达成目标。

城市化水平随时间增长的规律逐渐被认识和推导。1974 年联合国在《城乡人口预测方法》中，从理论与实证两个方面阐述城市化水平随时间增长的"S"形规律。核心思想有两点：其一，确立"城乡人口增长率差"（简称 URGD）作为城市化速度考核指标；其二，采用指数形式计算城乡人口增长率。其基本内容是，假定"城乡人口增长率差"不变，则城市化水平曲线表现为一条由 0 到 1 向右上倾斜的"S"形曲线。进一步，推导出城市化水平增长速度曲线表现为一条倒"U"形变化曲线，城市化水平增长加速度曲线表现为一条斜"Z"形变化曲线。联合国对城市化增长曲线的推导和研究方法被广泛引用，并在城市化水平估算和预测中被称作"联合国方法"。

美国地理学家诺瑟姆（Ray M. Northam，1979）将城市化分为三个阶段：城镇化初期阶段的基本特征是：人口城镇化在 30% 以下，农村人口占优势，工农业生产力水平较低，工业提供就业机会少，农业剩余劳动力得不到释放，城乡两元结构特征明显。中期阶段的人口城镇化水平在 30%～70%。基本特征包括工业基础比较雄厚，经济实力明显增强，农村劳动生产率提高，剩余劳动力转向工业，城市人口比重快速突破 50%，而后上升到 70%，人口流入城市的速度逐渐放慢，很多城镇化很难突破 70%，会在中期阶段长期徘徊。城镇化后期人口城镇化率将突破 70%，接近 90%。农村人口向城镇人口的转化趋于停止，农村人口占比稳定在 10% 左右，城市人口可以达到 90% 左右，趋于饱和，这个过程的城市化不再是人口从农村流向城市，而是城市人口在产业之间的结构性转移，主要是从第二产业向第三产业转移。

"诺瑟姆曲线"把城市化进程划分为三个阶段：城市化水平 25%～30% 迎来第一个拐点；城市化水平 60%～70% 迎来第二个拐点；在第一个拐点来临之前，城市化水平处于起步阶段，第二个拐点以后进入稳定阶段；两个拐点之间的第二个发展阶段，则被认为是城市化"加速发展阶段"。①

我国启动城镇化进程以来，从新中国成立初期不到 20% 的城镇化率，到 2019 年达到 60.60%，实现人口迁徙和生活方式的巨大变化，调整和重构了传统的社会经济关系。选择 1978 年作为我国城镇化进程的起点，划分城镇化进程为三个发展阶段：

第一阶段（1978～1985 年）：城镇化建设的启动阶段。1978 年安徽

①　中国社科院城市发展与环境研究所李恩平认为，两个拐点之间尽管表现出相对较快的城市化速度，但城市化水平并没有表现出加速增长趋势，相反，其增长加速度呈现不断下降趋势。

凤阳开始家庭联产承包责任制的试验性尝试。农业生产力的提高、农村生产关系的改善、农村市场化政策激发了农村闲置劳动力资源。剩余劳动力从传统种植业向非农产业部门转移，也从农村向城镇转移，启动了我国的城镇化运动，出现"先进城后城建"现象。在城镇发展方面，几十万上山下乡知青和干部逐渐返城就业，多种就业形势开始出现。城乡集贸市场吸收从农村转移的城镇暂住人口，推动私营企业、乡镇企业和各地小城镇的发展。城镇化率已从1978年的17.92%快速攀升到1985年的23.71%；

第二阶段（1986～1995年）：城镇化建设的加速阶段。前期农村闲置人口向城乡转移，推动了我国的工业化进程。改革开放后，劳动密集型的轻工业得以迅速发展，沿海地区出现了大量由新兴小城镇组成的"工业化地区"。城乡"二元经济"、劳动力"离土不离乡"模式，使城镇化增速明显低于工业化增速。一方面是体制改革的配套设施落后于经济发展速度；另一方面也与我国区域发展梯度有较大关系。从1986～1995年，我国城镇化率上升至29.04%，年均提高0.3个百分点；

第三阶段（1996年至今）：城镇化加速发展阶段。1996年之后，尤其是2000年之后，"入世"给予我国更广阔的发展动力。外资企业、合资企业、乡镇企业、民营企业等发展很快，工业化加速推进，产业结构进一步调整优化。其中，制造业成为我国发展最快的大类产业，工业化与城镇化联系紧密。国家统计公报显示，2019年我国常住人口城镇化率为60.60%，而户籍人口城镇化率为44.38%。虽然相比常住人口城镇化的速度，户籍人口城镇化相对滞后，但从人口流动到人口迁徙的客观规律来看，流动人口的沉淀需要的成本更高。户籍人口城镇化节奏较慢，也有利于避免我国出现拉美等国家较多贫民窟现象。

我国城镇化进程几十年走完发达国家上百年的路，不可避免存在一些问题。现阶段我国"城镇化"无法绕开"空间"与"人口"的平衡问题，如何协调城镇化过程中速度、规模和效率等问题，随着城镇化程度的提高便愈发重要。

我国城镇人口增量有大约16%为自然增长，5%是农转非，26%为农民工增长，53%来自于行政区划变动，如县改市（区）、乡改镇、村改居委会等[1]。大量农村居民身份变为市民的城镇化，并未发生劳动力性质的改变。真正库兹涅茨过程的城镇化是乡村流入城市的农民工，是属于劳

---

[1]　数据结论来自 Fang, Cai. (2018). Population dividend and economic growth in China, 1978 - 2018. China Economic Journal. 11. 1 - 16.

动力资源流动所带来的区域发展。

根据李奇霖（2018）的测算，2017 年我国一线城市的户籍城镇化率加权平均数为 86%。对比国际经验，中期是城镇化发展较快的阶段，后期阶段城镇化率会明显放缓。我国各省份城镇化率中较高的已经达到 80% 以上，进入城镇化后期的包括上海（87.9%）、北京（86.5%）和天津（82.9%），浙江、江苏、辽宁、福建、重庆、内蒙古、山东、黑龙江等省份城镇化率也较高。

我国城镇化发展水平存在度量和现实的偏差。总的来看，主要有严重滞后型、水平适度型和隐性超城市化三种观点。严重滞后型基于工业化与城镇化、中国现实与国际经验的静态比较，认为现阶段我国的城镇化进程"严重滞后"现实工业化发展，我们高估了实际的城镇化水平。水平适度型认为，把参与城镇经济活动的近郊农民和进城务工经商的外地农民一并统计在城镇人口中，我国目前的城镇化水平与工业化进程基本合理。隐性超城市化观点认为，目前我国城镇化发展不仅未滞后于工业化，反而存在隐性的超城市化。原因在于我国统计的工业总产值和工业增加值中很大部分是乡镇企业和农民工创造，但实际统计过程中又并未将其计算在内，因此存在低估工业总产值和工业增加值的现象。

"城镇化"是立体概念，并非城镇化率越高，社会发展和经济发展就越合理。从世界各国的城镇化进程来看，多样化是一个重要特征，同时存在过度城镇化（如部分南美国家）和滞后城镇化（如印度等国家）等。表 2-4 对世界部分国家和地区的城镇化水平进行了收集，并选择 1990 年和 2019 年两个时间截面进行比较。

表 2-4　世界部分国家和地区城镇化水平（1990 年和 2019 年）

各个国家及全球	城市人口占比总人口（%）		最大城市人口占比城市人口（%）	
	1990 年	2019 年	1990 年	2019 年
澳大利亚	85	89	25	21
巴西	74	88	13	12
加拿大	77	82	18	20
中国	26	60.6	3	3.6（重庆）
古巴	73	77	27	24
法国	74	80	22	20
德国	73	75	6	6
印度	26	33	6	6

续表

各个国家及全球	城市人口占比总人口（％）		最大城市人口占比城市人口（％）	
	1990 年	2019 年	1990 年	2019 年
日本	77	93	34	32
俄罗斯	73	74	8	11
瑞典	83	86	15	18
瑞士	73	74	20	20
英国	78	83	18	19
美国	75	82	9	7
全球	43	57	17	18

资料来源：表内数据来源于世界银行（World Development Indicators：Urbanization）官方发布，本书进行收集排序。链接网址：http：//www.worldbank.org/。

2019 年全球的城镇化水平在 57％，我国目前是 60.60％，高于全球平均水平。欧洲、北美、中东、北非及东亚等很多地区，城市化水平都高于我国，南亚地区则远落后于世界平均水平。从"空间"资源的集聚程度考察，最大城市所吸纳的全部城市人口比重的情况中，世界水平是 17％，我国 2019 年最大的城市重庆，年末常住人口 3 124.32 万人，占全国城市人口大概 3.6％，显著低于其他一些国家。以地广人稀的北美 8％为例，我国仍较低。在城镇化集聚维度的"人口"和"空间"，我国还有较大文章可做。世界银行划分的中等偏上收入国家的城镇化水平大概在 65％，我国显然距此仅一步之遥，预计"十四五"期间即可超过。

不合理的人口分布，尤其是社会资源、经济资源、医疗资源、教育资源等分配关系的空间分布与人口分布协调度低，则会出现社会资源利用低效率等问题。全面均衡发展包括人类社会与自然和谐相处的模式等，也包含人口分布的空间效率。利用地区生产总值情况和人口密集度，可以衡量人口规模与经济规模的协调性，这就是 GPR_i[①]（GDP – People Rate）

---

① 以 G_i（i = 1，2，3，4，…，n）表示某国家 n 个一级行政区的国内生产总值，P_i 表示各一级行政区的人口规模。因此，该国的国内生产总值可记为 $G = \sum G_i$，该国的人口总规模为 $P = \sum P_i$，该国某区地区生产总值占全国的比重分别为：$g_i = \frac{G_i}{G}$；该国某区人口规模占全国的比重分别为：$p_i = \frac{P_i}{P}$。基于 g_i、p_i 的数据，可进一步获得反映某地区经济集聚和人口分布状况的简单度量指标 GPR_i，即：$GPR_i = \frac{g_i}{p_i}$。

的最初想法。对于区域经济规模和人口规模的协调度而言，$GPR_i > 1.25$ 表明区经济集聚度高于人口集聚度，$GPR_i < 0.75$ 表明区经济集聚度低于人口集聚度。GPR_i 越偏离 1，表明从该国的空间资源配置来看，该地区经济集聚和人口集聚的协调度越差。区域间经济规模与人口规模完全均衡，即各区域经济比重和人口比重完全相等，各个区域的 GPR_i 都为 1 时，国家（区域）经济与人口在地理空间上的分布最为均衡。当然，这个均衡并没有实际的经济和社会发展意义平均化导向。我国一直以来就是非平衡的发展方式，胡焕庸线的形成也不仅是经济发展的驱动，其中自然因素的驱动力也是重要因素。类似标准差的概念，GPR_i 还需要进行技术化和标准化的处理，可以让时间序列下的比较更清晰，这就形成了评价区域人口规模与经济规模空间分布协调度（HD），通过 HD 能够更确切评价区域经济规模与人口规模的协调情况。具体公式如下：

$$HD = \sqrt{\sum_{i=1}^{n} P_i (GDP_i - 1)^2}$$

从公式的表达式可以看出，当一个国家或地区 GPR_i 偏离 1 的区域空间越多、偏离人口比越高、偏离数值越大，则该国家或地区的经济规模与人口规模越不均衡，HD 值也因而会越大。一般地，HD < 0.25 为协调状态，HD ∈（0.25，0.35）为较协调状态，HD ∈（0.35，0.5）为较不协调状态，HD > 0.5 为很不协调状态。

图 2-4 用图形表示我国入世后的 HD 数据。显然，在 2000 年左右，我国区域人口规模与经济规模的协调偏离度指数出现总体上行态势，大部分时期处于较不协调状态，一度跨入很不协调的区间范围，人口分布的合理性有降低趋向。进入 21 世纪以来，随着我国人口城镇化的快速推进，社会各界对城镇化、人口、空间和生态的日益重视，HD 指数持续下降。但是，参考发达国家平均 0.2 左右的 HD 指数水平，现阶段我国的区域人口规模和经济规模仍处于较不协调状态。最近两年我国还出现了反复的趋势。如 2016~2019 年 HD 在 0.29~0.30 之间震荡。一定程度反映出当前在人口发展和区域发展之间矛盾冲突。当然，有理由相信经过震荡之后，HD 仍将继续下探。

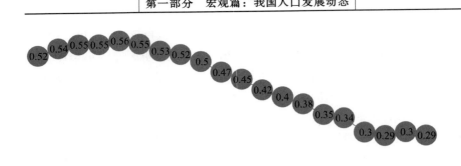

图 2 - 4　区域经济规模与人口规模协调指数趋势（2000~2019 年）

第二部分

中观篇：
中部人口发展动态

　　中部地区是我国重要的劳动力输出地区，是我国人口"蓄水池"。中部地区人口发展的稳健与持续，是我国社会和经济发展的重要保障。从经济发展层面，中部地区经济体量与沿海地区有差距，但经济增速表现亮眼。中部人口的均衡发展表现优于全国平均水平，主要得益于中部人口规模的缓冲。通过挖掘各部门统计资料，课题组采用最新人口数据，从静态和比较静态等维度对中部地区与中部六省的人口规模、人口出生率、人口死亡率、人口年龄结构、人口性别结构、人口城乡分布结构等指标进行分析。整合梳理中部人口发展现状，聚焦中部地区新兴城镇化、农民工流动和城市群发展等问题，提出观点、对策和建议。

第三章

中部六省人口发展概况

中国中部地区东接沿海，西接内陆，按自北向南、自西向东排序包括山西、河南、安徽、湖北、江西、湖南六个相邻省份，国土面积约102.8万平方千米，2019年底中部地区六省人口总体规模为3.69亿人。根据国家统计局2020年发布的《统计公报》显示，全年东部地区生产总值511 161亿元，比上年增长6.2%；中部地区生产总值218 738亿元，增长7.3%；西部地区生产总值205 185亿元，增长6.7%；东北地区生产总值50 249亿元，增长4.5%①。从区域对比中发现，近年中部地区经济发展速度已持续较快增长，显示出强劲上升趋势。具体地，中部六省国民生产总值规模从大到小依次为河南、湖北、湖南、安徽、江西和山西，这个总产值排序从2012年以来保持至今。其中，2011年之前的大部分年份，湖南的产值超过湖北。统计数据显示，2019年河南、湖北、湖南、安徽、江西和山西的生产总值按当年价计算，依次为54 259.2亿元、45 828.3亿元、39 752.1亿元、37 114.0亿元、24 757.5亿元和17 026.7亿元，六省都取得显著增长；在人均生产总值维度，2019年湖北以77 387元居于中部六省首位，并且是中部地区唯一超越全国平均水平70 892元的省份；安徽则以58 496.0元居次席。往年湖北和湖南连续多年成为中部地区人均生产总值的前两位，但2019年安徽超越了河南、湖南和江西，成为中部地区人均产值第二。中部地区人均生产总值排名第3至第6位的分别是湖南、河南、江西和山西，四省人均产值以当年人民币元计价分别为57 540元、56 388元、53 164元、45 724元。

中部地区是我国的人口"蓄水池"，是重要的劳动力输出地区。区域经济发展速度的差异，使各地区间存在显著发展梯度，这是驱动人口流动与聚集的重要因素。人口从经济欠发达地区向发达地区输出并聚集，

---

① 国民生产总值以当年人民币计价，数据来源于国家统计局发布的统计公报。

同时也伴随人口回流等现象，从而构成人口在大发展背景下的市场性流动。

《统计公报》显示，2019 年末全国就业人员 77 471 万人，其中城镇就业人员 44 247 万人，占全国就业人员比重为 57.1%，比上年末上升 1.1 个百分点。全年城镇新增就业 1 352 万人，比上年少增 9 万人。全国农民工①总量 29 077 万人，比上年增长 0.8%。其中，外出农民工 17 425 万人，增长 0.9%；本地农民工 11 652 万人，增长 0.7%。上面数据反映出一个基本事实，城镇就业在持续增长，城镇吸收的农民工也在增长，城镇就业仍然是我国当前的主要就业选择；选择外出的农民工规模仍在扩大，但增速已在下降。农民工外出规模和增长速度的调整变化，多年前已被政府和学界意识到拐点的到来。到目前为止农民工外出的规模增速仍是正值，只是增加速度逐渐变慢。这一特征客观上契合当前人口结构变化和城镇化建设节奏等多维度发展现实。我国整体的青壮年劳动力已经接近增长临界值。

中部地区的经济发展落后于东南沿海发达地区，但中部地区工业和农业在基础设施、产业链分工和技术引进等方面积极参与，现代服务业也得到较好的引导与发展，经济增速已是我国的第一梯队。中部地区依靠全国约 10% 的土地，承载全国约超过 1/4 的人口，创造超全国 1/5 的生产总值，不仅是人口"蓄水池"、交通枢纽、经济腹地，更是经济增长和就业吸纳的骨干力量。

一、中部六省人口发展现状

随着区域经济发展的不平衡，中部地区的人口发展也面临诸多问题。宏观上，中部地区的人口发展趋势与国家人口发展具有协同性；微观上，我国不同区域的发展梯度是客观事实，经济发展的"虹吸"机制自然也体现在生产要素劳动力维度。中部地区的人口资源必然以生产要素角色更频繁地集聚在资源更集中的发达区域。综合来看，中部地区近年人口发展情况大概可归为以下几个方面。

（一）人口增速下降

随着我国生育政策的逐步放松，累积生育意愿得到集中性释放，是

---

①　年度农民工数量包括年内在本乡镇以外从业 6 个月及以上的外出农民工和在本乡镇内从事非农产业 6 个月及以上的本地农民工。

过去几年这些省份人口增速有所上升的主要原因。显然，外生冲击在人口增长的持续性方面效率有限。21 世纪之前，中部六省的人口上升趋势较为显著；进入 21 世纪之后，尤其是近些年，全国大部分省份的人口增长趋势都已放缓，部分省份已进入负增长。表 3 - 1 汇总 2008 ~ 2019 年中部六省以及全国的人口规模变化。

表 3 - 1　　　　　　中部六省人口规模变化（2008 ~ 2019 年）　　　　　单位：万人

全国及中部六省	2008 年	2009 年	2010 年	2011 年	2012 年	2013 年	2014 年	2015 年	2016 年	2017 年	2018 年	2019 年
全国	132 802	133 450	134 091	134 735	135 404	136 072	136 782	137 462	138 271	139 008	139 538	140 005
山西	3 411	3 427	3 574	3 593	3 611	3 630	3 648	3 664	3 682	3 702	3 718	3 729
安徽	6 135	6 131	5 957	5 968	5 988	6 030	6 083	6 144	6 196	6 255	6 324	6 366
江西	4 400	4 432	4 462	4 488	4 504	4 522	4 542	4 566	4 592	4 622	4 648	4 666
河南	9 429	9 487	9 405	9 388	9 406	9 413	9 436	9 480	9 532	9 559	9 605	9 460
湖北	5 711	5 720	5 728	5 758	5 779	5 799	5 816	5 852	5 885	5 902	5 917	5 927
湖南	6 380	6 406	6 570	6 596	6 639	6 691	6 737	6 783	6 822	6 860	6 899	6 918

资料来源：相应年份中国统计年鉴、相应省份统计年鉴和统计公报，其中部分数据来自 EPS，课题组在此基础上对相关数据进行了整理。

　　中部地区的人口规模排序，河南、湖南、安徽、湖北、江西和山西的排序格局较稳定。纵观近年，人口规模的发展已悄然变化。河南虽然在全国是人口规模第一梯队，但近年增长已趋尾声。2019 年相比 2018 年已成为负增长，人口规模小于 2015 年。湖南、江西、安徽、湖北等，虽然彼此存在人口增长的差异，但其总体趋势都是趋缓、稳定；可能在未来几年有所反复，随着老龄化的深化和生育率下降，人口规模将在高原期震荡后下行。将中部六省的人口规模变化趋势以折线图表示（见图 3 - 1）。

　　图 3 - 1 很直观地展示了中部六省的人口规模，显然，湖南、湖北和安徽曾经较接近；但目前来看，六省的人口规模分别处于不同的量级。未来可能随着经济发展、区域发展或者某些中心化措施，出现较大的人口分流情况。但不太可能的是人口自然增长打破中部六省的人口规模分级。我们将表 3 - 1 中所有年份的绝对人口规模数据，通过转化形成环比增长率数据，能够直观观察中部六省近年的人口增长变化情况和未来发展趋势，更方便观察到近年六个省份中人口增长徘徊在正负边缘的相关

省份，如表 3 – 2 所示。

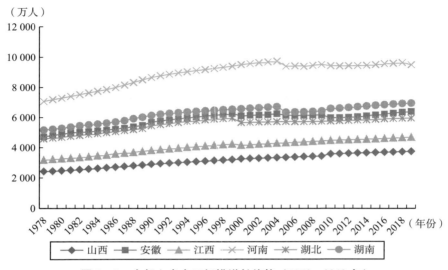

图 3 – 1　中部六省人口规模增长趋势（1978 ~ 2019 年）

资料来源：相应年份中国统计年鉴、相应省份统计年鉴和统计公报，其中部分数据来自 EPS，课题组在此基础上对相关数据进行了整理。

表 3 – 2　　　全国及中部六省人口环比增长率（2008 ~ 2019 年）　　单位：%

全国及中部六省	2008 年	2009 年	2010 年	2011 年	2012 年	2013 年	2014 年	2015 年	2016 年	2017 年	2018 年	2019 年
全国	0.51	0.49	0.48	0.48	0.50	0.49	0.52	0.50	0.59	0.53	0.38	0.33
山西	0.53	0.47	4.29	0.53	0.50	0.53	0.50	0.44	0.49	0.54	0.43	0.30
安徽	0.28	-0.07	-2.84	0.18	0.34	0.70	0.88	1.00	0.85	0.95	1.10	0.66
江西	0.73	0.73	0.68	0.58	0.36	0.40	0.44	0.52	0.65	0.56	0.39
河南	0.74	0.62	-0.86	-0.18	0.19	0.07	0.24	0.47	0.55	0.28	0.48	-1.51
湖北	0.21	0.16	0.14	0.52	0.36	0.35	0.29	0.61	0.57	0.29	0.25	0.17
湖南	0.39	0.41	2.56	0.40	0.65	0.78	0.69	0.68	0.57	0.56	0.57	0.28

资料来源：相应年份中国统计年鉴、相应省份统计年鉴和统计公报，其中部分数据来自 EPS，课题组在此基础上对相关数据进行了整理。

表 3 – 2 的信息毕竟丰富。从全国的人口环比增速看，2019 年之前围绕着 0.5% 震荡，2019 年增速下降较快。中部六省近 10 年人口波动性较

大，一方面与中部经济发展和城镇化等密切相关；另一方面也和人口政策有较大关联。与国家层面人口规模变化不同，中部六省的人口环保增速的震荡显得剧烈一些，如 2010 年安徽的 -2.84%，2019 年河南的 -1.51%。综合起来，课题组将此归纳若干特征：

1. 规模稳定的江西和山西

中部六省中江西和山西的人口规模量级最小，规模也一直相对稳定。江西的人口出生率在全国居于中上水平，长期偏重农业，农村人口占比一直较高。农村家庭的生育机会在过去生育政策背景下高于城镇人口，因而具有天然的人口规模先机。山西的人口规模虽然较小，但总体增速也解决全国平均水平，总体上保持着人口规模的稳定微增。不过，从长期来看，由于经济发展和城镇化等因素，江西和山西的实际管理人口可能要低于年末常住人口，这与经济发达地区长三角、珠三角和京津冀等有所区别。

2. 增速偏低的湖北和河南

在中部六省人口规模的分级标准中，河南无疑属于第一级，是远高于第二梯队的存在。但从动态角度看，2009 年河南人口增速一直偏低。抛开 2019 年的环比增速 -1.51%，2010 年之后河南人口增速一直低于国家平均水平。河南的人口基数大，因此人口的净增数量不小。由于过去对人口发展的认识相对狭隘，很大程度上影响了人口发展政策的导向；现在坚持科学发展观，坚持人口均衡发展，但社会发展和经济发展又不足以支撑人口的迅速调整。湖北的人口发展情况与河南类似。较早进入工业化的湖北，城镇化进程快于河南。人口生育政策调整之后，湖北呈现剧烈释放累积生育意愿之后的快速回调。从发展来看，未来湖北和河南的人口集聚不能持续，将会对城市发展带来负面影响。毕竟城镇化推进到目前阶段，不能持续导入人口，城市的热度下降意味着竞争力的衰退。

3. 波动起伏的湖南和安徽

安徽从 2013 年开始，进入人口规模扩展的阶段。从 2014 年开始至今，一直是中部地区人口环比增速最快的省份；在 2013 年之前，安徽人口环比增速较慢，甚至在 2010 年出现不小的负增长 -2.84%，人口规模波荡起伏。相对地，湖南的人口增幅也有类似跳跃性，但总体振幅小于安徽高于其他中部省份。2010 年人口环比增速为 2.56%，2019 年环比增长为 0.28%，都较大程度偏离所在年份的国家平均水平。某些年份的人口增速跳跃，通常被认为源于外生冲击。安徽和河南的偏离频率和偏离程度，具有统计学的显著性。从经济维度去审视人口问题，安徽近年在城镇化和经济发展方面取得较好成绩，在区域中心打造和建设方面成果显著。从宏观的国家视角看，湖南和安徽仍是人口输出省份。

（二）出生率仍下探

"全面二孩"政策的效果高峰已经过去，现在正逐渐回归到正常状态，并且逐渐下探，这是我国人口发展趋势的重要特征。2016～2017 年我国整体人口出生率都在上升，但两年左右已经完全释放。中部六省的人口出生率，乃至全国的人口发展规划，最终要回到国家整体的生育政策、生育文化和社会生育环境。短期政策冲击效果有限，朝令夕改则雪上加霜；区域歧视、户籍歧视、民族区分的生育政策，从长期来看，也不利于具有长周期性质的人口均衡发展目标。

在中部六省之间，人口出生率的省际差异具有显著性。表 3－3 提供了不同长度时间的全国和中部六省人口出生率信息。可以直观地发现，在 20 世纪末，河南和江西在中部地区属于人口出生率较高的省份。以 25‰的人口出生率画线，过去几十年中部地区只有河南和江西达到如此高度，同期的山西、安徽和湖南等省，其人口出生率显著更低。

在没有重大灾害等不可抗力突发事件冲击下，政策相同背景下的区域内人口出生率出现较大差异，文化背景因素是主要原因。当然，人口出生率高低与城镇化和工业化进程密切相关。从大趋势来看，中部六省的人口出生率发展趋势与全国趋势类似，都在经历"全面二孩"政策冲击后震荡下探。人口转变理论不仅适用于国家，区域视角下各省份的人口发展也同样能够在框架中得到合理解释。表 3－3 对中部六省在 2009～2019 年人口出生率进行了统计。

表 3－3　　全国及中部六省人口出生率（2009～2019 年）　　单位：‰

全国及中部六省	2009年	2010年	2011年	2012年	2013年	2014年	2015年	2016年	2017年	2018年	2019年
全国	12.0	11.9	11.9	12.1	12.1	12.4	12.1	13.0	12.4	10.9	10.5

续表

全国及中部六省	2009年	2010年	2011年	2012年	2013年	2014年	2015年	2016年	2017年	2018年	2019年
山西	10.9	10.7	10.5	10.7	10.8	10.9	10.0	10.3	11.1	9.6	9.1
安徽	13.1	12.7	12.2	13.0	12.9	12.9	12.9	13.0	14.1	12.4	12.0
江西	13.9	13.7	13.5	13.5	13.2	13.2	13.5	13.5	13.8	13.4	12.6
河南	11.5	11.5	11.6	11.9	12.3	12.8	12.7	13.3	13.0	11.7	11.0
湖北	9.5	10.4	10.4	11.0	11.1	11.9	10.7	12.0	12.6	11.5	11.4
湖南	13.1	13.1	13.4	13.6	13.5	13.5	13.6	13.6	13.3	12.2	10.4

资料来源：相应年份中国统计年鉴、相应省份统计年鉴和统计公报，其中部分数据来自 EPS，课题组在此基础上对相关数据进行了整理。

表 3-3 所提供的近 10 年中部六省出生率数据具有以下几个特征：

1. 极差变小，省际趋同

不需要更长的时间轴，仅基于表 3-3 数据即可发现，中部六省人口出生率的极差在逐渐缩小。2009 年人口出生率最高的江西与湖北极差值为 4.4‰；当时间推进到 2019 年，极差缩小为 3.5‰。与前面所述一致，省际人口发展的趋势必然与全国发展趋势趋同，我国人口出生率震荡下探是未来几年的发展趋势。不过，尽管省际趋同，其异质性也客观存在。

2. 生育惯性，各省不同

图 3-2 的起始年份追溯至 1978 年，这是严格的"只生一个好"政策前夜，较完整呈现了政策作用下中部六省人口出生率的高位低行。虽然六省总趋势一致，但仍能直观看到中部六省人口出生率的差异，原因显然不在于地理因素。

山西的人口出生率进入 2010 年之后就显著低于其他省份。虽然山西的人口规模在六省之中最小，但其人口出生率下探的幅度和持续的时间仍值得关注。山西的问题可能与其工业化较早、城镇化较快以及近年来经济增长较弱有关。相对而言，江西长期处于人口出生率偏高区域。当然，出生率的区域异质性仍在集体下探的大背景之下。安徽和江西属于人口出生率的第一梯队。虽然湖北与河南也高于全国平均水平，但其后续发展比江西和安徽有更大可能下跌。

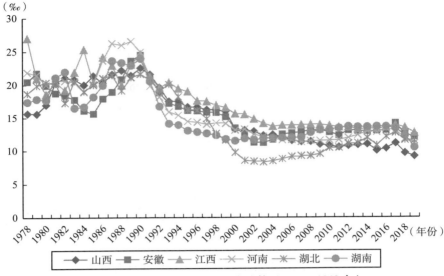

图 3 – 2　中部六省人口出生率趋势（1978～2019 年）

资料来源：相应年份中国统计年鉴、相应省份统计年鉴和统计公报，其中部分数据来自 EPS，课题组在此基础上对相关数据进行了整理。

综合上述两点，"极差变小，省际趋同"与"生育惯性，各省不同"，基本概括了中部六省近年的人口出生率发展趋势。图 3 – 3 通过对 1978～2018 年中部六省生育率极差的变化趋势，客观地表述了中部六省从差异化到趋同性的逐渐平稳发展历程。

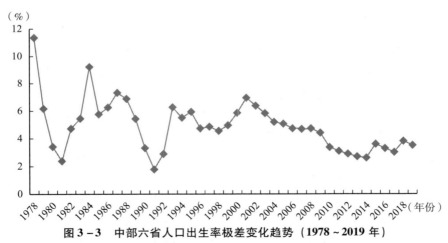

图 3 – 3　中部六省人口出生率极差变化趋势（1978～2019 年）

资料来源：相应年份中国统计年鉴、相应省份统计年鉴和统计公报，其中部分数据来自 EPS，课题组在此基础上对相关数据进行了整理。

3. 各自变化，平稳下探

如前所述，中部六省人口出生率波动降低，省际极差已从 10 多个千分点的震荡回落至若干千分点。从时间上看本省人口出生率变化，出生率震荡也逐渐收缩。近年的政策冲击和生育率回归后，虽有震荡但仍在不断收敛。以山西为例，虽然生育政策放宽后出生率受刺激回升，但短暂调整后继续探底，目前仍是中部地区人口出生率最低省。其他省份呈现出类似特征，省际格局稳定，本省发展趋势稳定。从图 3 - 2 观察，各省人口出生率下探的趋势明显。一方面是累积的生育欲望在"全面二孩"政策后的释放；另一方面，对于 1970 ~ 1985 年出生的育龄女性而言，生育的时间窗口也逐渐关闭。结婚率的下降、初婚年龄的提高以及人口性别结构的失衡等因素，客观上已经不具备支撑人口出生率维持现状的条件。政策刺激形成的短期冲击逐渐消除，长期趋势已经被时间逐渐修正。中部地区的人口出生率必然继续下探。

（三）死亡率渐趋同

人口出生率、死亡率和自然增长率，是人口发展的三个重要基础性指标，是考察人口可持续发展的核心要素。人口死亡率聚焦在死亡人口，必然包括自然死亡率和非自然死亡率。通常死亡率可以反映该地区的发展层次，包括生活水平、医疗水平、卫生状况和社会保障水平等，是宏观发展的部分微观体现。死亡率的变化基本上描绘出社会演进和科学演进的一个进程，除了战争、瘟疫和天灾等，大部分时候其起伏都伴随着知识更新和技术更新。进入工业化之前，各个国家的死亡率都远高于今天。生产力提升后，生活方式有极大改变；科技进步、医学发展和教育水平的提高，这些因素的共同作用使整个社会的死亡率快速下降。

从历史数据来看，前工业化时期和工业化早期，世界各国的死亡率普遍在30‰以上。新中国成立之前，人均预期寿命不到 40 岁。死亡率长期处于较高水平，一度高达 28‰ ~ 33‰；新中国成立之后，社会安定，经济发展，卫生习惯、生活方式和医疗水平得到改进，死亡率大幅下降。1949 年为 20‰，1957 年降到 10.80‰，1970 年降到 7.60‰，1986 年为 6.69‰，1990 年为 6.28‰，2015 降至 7.11‰，2016 年为 7.09‰。近年死亡率有所回升，从 2017 年 7.11‰到 2019 年 7.14‰。总体上，我国国民死亡率处于当前世界较低水平。

中部六省人口出生率接近全国平均水平，死亡率总体上长期低于全国平均值，偶尔个别年份个别省份高于全国平均值，例如 2019 年湖南人口死亡率 7.28‰，略高于全国平均值 7.14‰。就湖南自身情况而言，这一数值远高于过去 10 年中的任何一年。如前所述，死亡率与地区经济、文化、医疗保障等较为密切，也与人群生活方式和生活习惯有关，尤其是，与人口结构变化也有重要的关系。我们通常关注死亡率的下降，很少关注死亡率由低反弹背后的一些因素。地区的死亡率变化排斥冲击因素后，通常有一些值得思考的其他因素。综合统计部门发布的相关信息，选择 2009 ~ 2019 年全国及中部六省的死亡率数据，制成表 3 - 4；选择 1979 ~ 2019 年的数据，绘制成折线图，形成图 3 - 4。通过表格的数值和图形的变化，我们对比一下近年中部地区死亡率变化的基本情况。

表 3 - 4　　　　　　　中部六省人口死亡率（2009 ~ 2019 年）　　　　　　　单位：‰

全国及中部六省	2009年	2010年	2011年	2012年	2013年	2014年	2015年	2016年	2017年	2018年	2019年
全国	7.08	7.11	7.14	7.15	7.16	7.16	7.11	7.09	7.11	7.13	7.14
山西	5.98	5.38	5.61	5.83	5.57	5.93	5.56	5.52	5.45	5.32	5.85
安徽	6.60	5.95	5.91	6.14	6.06	5.89	5.94	5.96	5.90	5.96	6.04
江西	5.98	6.06	5.98	6.14	6.28	6.26	6.24	6.16	6.08	6.06	6.03
河南	6.46	6.57	6.62	6.71	6.76	7.02	7.05	7.11	6.97	6.80	6.84
湖北	6.00	6.02	6.01	6.12	6.15	6.96	5.83	6.97	7.01	7.00	7.08
湖南	6.94	6.70	6.80	7.01	6.96	6.89	6.86	7.01	7.08	7.08	7.28

　　资料来源：相应年份中国统计年鉴、相应省份统计年鉴和统计公报，其中部分数据来自 EPS，课题组在此基础上对相关数据进行了整理。

纵观表 3 - 4 的数据，大部分时间内中部六省的人口死亡率都低于全国水平，仅个别省份的个别年份偏高。即使这样，对于该省份来说也是不寻常年份，而非其真实的稳定水平。综合起来，我们可以得出若干结论：

1. 省际差异较大

虽然出生率和死亡率对应的都是总量规模，但意义有所不同。出生率是新生人口，代表的是繁衍下一代的动力；死亡率除了自然原因，还包括其他多种因素。死亡率的较大差异，通常有更复杂的原因。

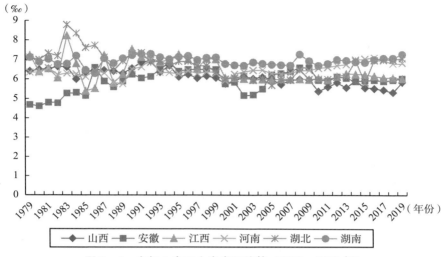

图 3-4 中部六省死亡率发展趋势（1979~2019 年）

图 3-4 中以 2000 年为一个时间点，之前的 10 年中部六省死亡率相对收敛；进入 21 世纪后逐渐震荡，近年来有些省份开始呈现发散趋势，省际差异不断扩大。安徽在 2002~2003 年的异常低值、湖南在 2008 年的异常冲高、湖北 2015 年的震荡等，发生的当年都没有特别的背景。其中，有些异常值实际上是一种调整的开始，如 2010 年山西的死亡率下降明显，在随后几年震荡之后逐渐稳定，连续多年都保持在 6‰以下。不仅显著低于国家平均值，在大部分时间也是中部六省最低值。

可以发现，中部六省之间死亡率差异较显著。虽然省与省之间存在经济发展差异，但相邻的各省之间基本的医疗水平、教育水平和生活方式不会有较大差异。因此，理论上邻近各省的死亡率应该收敛，省际差异较小。图 3-4 中中部六省死亡率总体结构一度稳定，但近两年开始发散。图 3-5 呈现的是中部六省死亡率的极差趋势图。2010 年前有收敛趋势，随后开始攀升，省与省之间的异质性显著。

湖北和山西较早启动城镇化和工业化。湖北的生育率总体偏低，但对应的死亡率偏高，与自身经济地位、文化地位和区域定位不匹配。山西近年经济发展不太理想，但科教文卫的基础和一直以来的发展都较扎实，其死亡率一直处于中部最低，与其工业化和城镇化进程契合，基本属于情理之中。河南、湖南的偏高数值，其中的原因值得探讨。对比过去几年的数据，江西和安徽相对稳定，并且有逐渐下降的趋势。

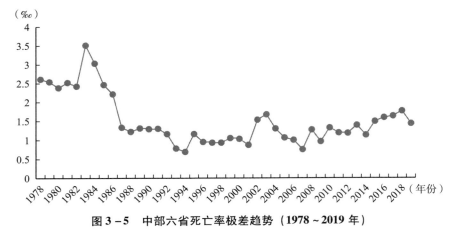

图 3 - 5　中部六省死亡率极差趋势（1978～2019 年）

资料来源：相应年份中国统计年鉴、相应省份统计年鉴和统计公报，其中部分数据来自 EPS，课题组在此基础上对相关数据进行了整理。

2. 省内趋势不同

死亡率长期处于低位的省市，如北京、广东、宁夏、新疆等，大部分时期低于 5.00‰，低于全国平均水平。应该说，这些省市是中部地区未来提升的方向和目标。总体上中部各省死亡率差异显著，但是各自相对稳定，又有其自身的发展走势。近年死亡率波动较大的省份有山西和湖北。从人口规模上来看，山西最小，湖北居于第四，接近 6 000 万人口。山西近年的震荡被认为是继续下探的一个反复：一方面山西人口增速较低，人口出生率低；另一方面人口结构失衡，走向深度老龄化的速度很快。近年死亡率的反复与其城镇化提升到较高水平有一定关联。湖北也是中部地区城镇化水平较高的省份，其死亡率近年的震荡却存在很大可能继续往上走的趋势。2020 年 COVID - 19 的疫情冲击，必然导致2020 年的人口统计数据有很大程度的偏离。需要挖掘和收集更多信息去研读中部六省的死亡率。

河南、湖南和安徽等省份近年死亡率相对前期也不稳定，走高的压力较大。尤其是湖南，连续多年出于上升趋势，即使在 2017 年中部地区大部分省份趋稳回落的情况下。死亡率随社会和经济发展下降，降至一定程度后小幅震荡会继续缓慢下降，人均预期寿命会不断提高，极少出现较显著起伏。过去 10 余年，中部地区死亡率总体趋于平稳，已经进入小幅震荡区域，如无意外冲击将收敛于上海、北京和天津等地区。当然，乐观预期需要客观基础，前提条件是经济增长和科教文卫的持续投入，在现实中能不断提高医疗保障和社会服务水平。

江西在中部六省之中经济发展和社会发展并不突出，但是生育率较高，死亡率较低，这对于江西而言是一个必须肯定的亮点。相反，死亡率相对偏高的省份，湖南、湖北和河南等，经济规模和增长速度都有较好的表现，而死亡率并未随经济发展逐渐降低，预期的省际趋同与收敛暂时未实现。死亡率不仅反映区域经济、医疗保障、文化发展及发展程度等，也反映生活幸福程度、社会管理水平等方面。

二、中部六省人口结构变化

十九大报告提出，积极应对人口老龄化，构建养老、孝老、敬老政策体系和社会环境。国家统计局发布的《2019 年国民经济和社会发展统计公报》显示，2019 年末，我国 0~15 岁（含不满 16 周岁）人数为 24 977 万人，占总人口比重 17.8%，而 60 周岁及以上人数 25 388 万人，占总人口比重 18.1%，60 周岁及以上人口不仅超过 0~15 周岁人口，增长速度和占总人口比重也提升很快。60 周岁及以上人数占比高，也意味着深度老龄化的比重提高迫在眉睫。老年人口超过 0~15 岁人数，是老龄化社会加速的表现，人口结构优化必须推进。

我国人口结构已发生深刻变化，包括年龄结构、性别结构、城乡结构等多个维度。人口结构的改变要求我们在对待人口发展问题一定要坚持动态的科学的思路和方法。一方面，年龄结构的调整优化无法通过自身的短期调整实现，老龄化走向深度老龄化无法避免。因此，积极规划、布局和配置，做好养老、孝老、敬老等工作；另一方面，必须解决人口结构老龄化问题，这是涉及民族和国家长远的大事。必须严肃认真地做好方案，制定科学均衡发展的人口政策，加速优化人口年龄结构、性别结构等问题，使我国人口得到全面均衡发展。

人口结构合理是人口均衡发展的重要基础，长期失衡的人口结构必然触发诸多社会问题、经济问题和族群问题，如人群中不断演化的年龄结构、空间分布的人口流动结构、就业驱动的城乡分布结构等。课题组将对我国整体人口结构进行简单分析，并在后续基于中部六省语境聚焦人口结构的多维差异展开具体分析。

（一）性别结构变化

性别结构失衡在历史进程中是常态，但其原因主要是战争等外生冲击。男性规模、女性规模与总体人口规模之间维持着大致稳定的弹性结构，短期外生冲击之后经历恢复期后总能恢复到正常区间，人口发展具有很强的自我恢复机制，最终回到人口均衡发展阶段。但是，这个动态调整的弹性机制在发挥作用的时候，有一些被现代文明机制所忽视内容。在前工业化时期，社会演进机制包含暴力征服、残酷屠杀、掳掠妇女等；现代社会的社会文明和法律规范等，将类似行为定位为反人类罪行，区域性人口动态平衡不能由掠夺人口来实现，但可以通过人才流动和国际移民平衡。另外，避孕技术、胎儿性别识别和妊娠终止技术的普及，婴儿性别选择成为了可能。在弹性的合理人口性别结构中，由于男女生理差异、社会属性差异等，男性规模通常会超出女性规模，差额在合理区间则属正常范围。

农耕时代中外大都有"男孩偏好"，这是由当时的生产力水平和生产方式决定的。尽管如此，人口发展过程中其性别结构基本处于动态均衡的状态。我国人口性别结构逐渐失衡，开始于 21 世纪之后。新生儿男性增长显著高于女性，年龄梯队的性别比失衡日益严重。总体规模上，统计数据显示 2019 年末中国大陆总人口（包括 31 个省、自治区、直辖市和中国人民解放军现役军人，不包括香港、澳门特别行政区和台湾省以及海外华侨人数）140 005 万人，比上年末增加 467 万人，增量规模逐年缩小。男性人口 71 527 万人，女性人口 68 478 万人，总人口的男女性别比为 104.5∶100，连续多年下降。但是，新生儿出生人口性别比以及随后几个年龄梯队的性别比都较高。表 3 – 5 是 2018 年抽样数据提供的若干幼儿和青少年队列性别比数据。

表 3 – 5 重要年龄区间性别结构比（2018 年）

年龄区间	人口数（人）	男（人）	女（人）	总人口占比（%）	男（%）	女（%）	性别比（女 = 100）
0 ~ 4	67 393	35 887	31 506	5.89	3.14	2.75	113.91
5 ~ 9	63 322	34 279	29 043	5.53	2.99	2.54	118.03
10 ~ 14	62 248	33 775	28 473	5.44	2.95	2.49	118.62
15 ~ 19	58 258	31 552	26 706	5.09	2.76	2.33	118.14
20 ~ 24	68 050	36 085	31 965	5.95	3.15	2.79	112.89

资料来源：本表是 2018 年全国人口变动情况抽样调查样本数据，抽样比为 0.820‰。

总体人口的性别比为 104.5∶100，处于正常的性别比区间。从 0 ～ 4 岁区间一直到 20 ～ 24 岁区间，最高的性别比失衡竟然达到 118.62∶100，已经远超出学界公认的具有自发调整能力的性别比区间。表 3 – 5 数据来自抽样，其准确性不能和 2020 年的人口大普查数据相提并论，但依然有其信度和效度。以此为前提进行展望，未来我国的人口性别结构导致的人口发展问题将异常严峻。

中部六省的人口性别结构和全国整体有所区别。表 3 – 6 通过对各省相关数据的收集和汇总，将包含性别结构在内的基本人口情况进行梳理。

表 3 – 6　　　　　　　中部六省人口性别情况（2019 年）

指标	河南	湖南	湖北*	江西	安徽	山西
常住人口（千万人）	9 460.0	6 918.0	5 927.0	4 666.0	6 366.0	3 729.0
男性（千万人）	4 885.0	3 571.0	3 052.0	2 392.0	3 197.6	1 897.8
女性（千万人）	4 755.0	3 347.0	2 875.0	2 274.0	3 168.3	1 831.4
男性比例（%）	50.8	51.62	51.5	51.3	50.2	50.9
女性比例（%）	49.2	48.38	48.5	48.7	49.8	49.1
性别比（女 = 100）	103.3	106.7	106.2	105.3	100.8	103.7

注：* 课题组撰写时湖北统计公报等并未公布 2019 年湖北人口性别占比等情况，出于统计分析需要，表格中人口性别结构信息采用 2018 年数据，并在 2019 年人口基数上进行分配。
资料来源：表中数据主要来源于中部六省统计公报、统计年鉴和 EPS 的数据库数据。其中，需要说明的是，中部六省的统计项目有较大区别，例如，江西的统计公报未显示当年常住人口的性别比例。表中数据选择通过抽样调查数据进行处理，类似情况也存在于相应年龄段人口比例等指标。本书后续图表中的数据，除有特别说明，都是来自于各省统计公报、统计年鉴、EPS 数据库以及国家统计年鉴等官方权威信息。

表 3 – 6 归类统计了 2017 年中部六省年末常住人口、男性人口、女性人口及所占比例，以及以女性为 100 的性别比数据。显然，中部六省整体性别比都处于正常区间。但是，这并不必然代表分年龄段的性别比平衡。由于数据来源的有限性，目前没用获得中部各省年龄分组的性别比数据。将表 3 – 6 的男女比例转换成柱状图比较，能更直观地反映性别比例的省际差异，如图 3 – 6 所示。

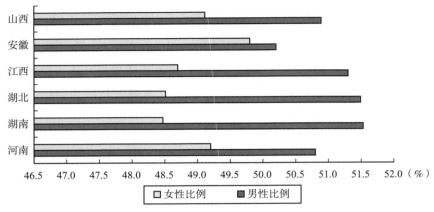

图 3 - 6　中部六省性别结构对比（2019 年）

资料来源：相应年份中国统计年鉴、相应省份统计年鉴和统计公报，其中部分数据来自 EPS，课题组在此基础上对相关数据进行了整理。

图 3 - 6 相对直观，直接将各省性别比的细小偏差放大。中部六省男女性别结构有一定差异，但整体处于均衡区间。目前来看，湖北和湖南性别比例轻微失衡，男女比例超过 106：100。涉及性别比例失衡，直接反应是男女婚配难度。此处有必要提出，通常人口统计中公布的数据中，年末常住人口和户籍人口是主要信息，极少公布社会管理人口。实际上，对于现代社会中，对于我们日常生活中，接触最频繁的人群是社会管理人口。表 3 - 6 主要是年末常住人口，与户籍人口显然不同。采用年末常住人口的理由是基于现代生活方式和城市环境，以常住人口为代表的人口规模更具有现实价值。相比较而言，社会管理人口统计的常态化，在未来将会成为主流。在城镇化过程中，人口和其他资源一样呈现集聚趋势。在一线城市以及省会城市等，具有更强的资源集聚能力，其人口结构呈现更强的多样性；与此相对的是许多人口户籍与工作生活地分离的情况普遍存在，这将降低局部人口统计结果的政策指导价值。

基于此，新生儿性别比和相关人口概念具有同样的逻辑，这也是当前我国户籍管理制度落后于时代发展的一个侧面。图形中可以看出，目前安徽比例偏高，其他省份基本正常。这个比例参考价值不大，但有一个风险在于，30 岁以下人口的性别比失衡是普遍现象。因此，通过放大人口规模是降低性别比例失衡、提高人口发展过程中因为性别比失衡带来挑战的容错率，是一个可行的方案。中部六省是劳务输出型地区，外出务工群体非均衡性输出，接受人口的省份必然受冲击。作为人口输入型的地区或省份，如北京、上海、广东等，其年末常住人口的性别比例存在外生冲击，一个是人口规模更大，一个是人口结构的容错率更强。

近年间各省份性别结构变化较大，死亡率和人口出生率的冲击不容忽视。性别结构是一个静态指标，离开年龄结构的分析必然偏颇。大部分国家人口统计中，60 岁以上老龄人口中女性比例高于男性，65 岁以上、80 岁以上比例更高。两个具有同样性别结构的社会，如果年龄结构不同，那么人口结构的发展趋势可能完全不同。基于年龄结构假设，一个男女性别结构处于均衡状态的地区，事实上却是一个生育期人口失衡和性别结构失衡的样本。

（二）年龄结构变化

从全国层面看，我国目前人口年龄结构与性别结构一样不容乐观。根据统计公报数据显示，2019 年我国 0 ~ 15 周岁人口为 24 977 万人，占全国总人口数 17.8%；16 周岁以上至 59 周岁的人口 89 640 万人，占总人口的比重为 64%；65 周岁及以上人口 17 603 万人，占总人口的12.6%。65 周岁以上人口比例明显上升，说明我国的老龄化正加速向深度老龄化而去。

老龄化程度持续加深，一方面说明我国之前的人口政策调整效果有限，至少没有达到预期效果。2010 ~ 2014 年国内仍有大批学者呼吁继续执行非平衡的"一胎政策"，这显然是加重老龄化的一个原因；另一方面，老龄化程度的加深，在客观上对我国人口发展战略形成许多迫切的问题。当前，我国人口中位数已从2015 年的 36.7 岁上升到 39.1 岁[①]，劳动力的平均年龄越往上走，社会所增加的额外成本就必然增加。

中部六省的人口规模可以分多个量级。人口再细分各主要年龄段的人口结构，呈现较强的差异性。通过对各省统计年鉴、统计公报等进行收集和整理，将中部六省年龄结构的主要信息反映在表 3 - 7 中。

表 3 - 7 中部六省主要年龄段人口结构数据（2019 年）

指标	河南	湖南	湖北	江西	安徽	山西	全国
0 ~ 15 周岁（万人）	1 957	1 482	1 043	1 011.2	1 276	623	24 977
16 ~ 59 周岁（万人）	6 083	4 147	3 805	2 929.9	3 918	2 481	89 640

---

① 数据来源于网易一数读。从准确性来说，人口统计的大数据信度最强的是人口普查。

续表

指标	河南	湖南	湖北	江西	安徽	山西	全国
60 岁及以上	1 600	1 289	1 079	725.1	1 172	625	25 388
65 周岁及以上（万人）	1 076	923	717	512.3	887	409	17 603
0 ~ 15 周岁占比（%）	20.3	21.4	17.6	21.7	20.0	16.7	17.8
16 ~ 59 周岁占比（%）	63.1	59.9	64.2	62.8	61.6	66.5	64.0
60 周岁及以上占比（%）	16.6	18.6	18.2	15.5	18.4	16.8	18.1
65 周岁及以上（%）	11.6	13.3	12.1	11.0	13.9	11.0	12.6

注：表内数据可能与不同口径的统计年鉴、统计公报、数据库数据有出入。原因主要有：
（1）中部六省的统计口径差异。如湖北各层次统计年鉴皆未提供性别比、年龄比数据；（2）公报、年鉴和各重要数据库收录时间差异。基于此，数据处理过程综合考察了平行数据的结构稳定性，对于出入显著的数据进行了调整。如 EPS、统计年鉴和统计公报中关于湖北人口数据的信息。

表 3 - 7 的核心数据聚集在各年龄段的占比，最后一列是 2019 年全国的同年龄段占比参照。综合比较各年龄区间的总量数据和占比数据，有几个重要结论：

第一，0 ~ 15 周岁：占比下降。

从人口规模上看，河南 2019 年拥有 0 ~ 15 周岁人口近 1 957 万人，相比去年有所减少，占比也在下降。从总量规模上看，河南 0 ~ 15 周岁人口超过山西同年龄区间的 3 倍，甚至超过江西、湖北、安徽任何一省与山西的总和。总量规模上虽然较大，但其占比事实上在下降。正如当前的人口出生率远低于 15 年前，当前 0 ~ 15 周岁的新增人口，少于 0 ~ 15 周岁跨入 16 ~ 54 周岁区间人口。这是中部六省 0 ~ 15 周岁年龄段人口的动态特征。从该年龄区间的青少年占比看，超过 20% 的只有江西、河南和湖南，安徽震荡在临界点区间。统计公报显示，2019 年江西的 0 ~ 15 周岁占比 21.7%，环比增长成为中部地区青少年占比最高的省份。环比增长的省份还有湖南，较高的人口出生率选择支撑着 0 ~ 15 周岁人口占比的提升。以 2019 年全国同年龄区间人口占比 17.8% 为基准，山西和湖北多年低于全国平均水平，同时也是中部地区人口出生率最低的两个省份。从人口均衡发展目标出发，山西和湖北老龄化程度高、人口出生率低、深度老龄化速度快，也将陷入在老龄化的困境中更久，未来两省的人口结构形势严峻。

第二，16 ~ 59 周岁：相对稳定。

15 ~ 64 周岁人口是社会和经济发展的主力人群，处于大部分国家定义的劳动年龄区间，是衡量现阶段劳动力规模的重要指标。0～14 周岁区间人口是未来发展的中坚力量，15～64 周岁区间人口则是当前阶段的中流砥柱。2019 年该区间全国人口比例是 64%，环比 2018 年和 2017 年都是下降。中部六省中山西和湖北勉强超过全国水平，山西则显著超出全国占比，这说明当前山西的人口属于成熟度较高类型，也意味着下一步老龄化的比重较高。占比是一个动态的数据，某部分偏高，其他必然有些部分偏低。对比 0～15 周岁区间，中部地区也只有湖北和山西低于该区间的全国占比水平。湖北和山西人口出生率生育率持续走低，是中老年年龄区间比重较大的直接原因。持续低出生率必然导致 0～15 周岁人口规模下降，相应的人口占比也将降低。河南、湖南、江西和安徽在 0～15 周岁区间高于国家的占比，在 15～64 周岁区间却都低于国家比例。从动态发展的角度看，未来人口结构优化目标更容易实现的省份，河南、湖南、江西和安徽要强于湖北和山西，整体人口年龄结构更年轻，未来劳动力供给的可持续性有保障。

图 3－7 将表 3－7 的比例信息转化成三段比较，更容易看到各省和全国在三个主要年龄区间的占比变化。直观上最左边区域就是 0～15 岁区间占比，江西和湖南具有显著的优势，湖北和山西则相对较短；最右边区域则是 60 周岁以上占比区域。实际上，60 周岁以上区域还可以细化一个区域，即 65 周岁以上人口的占比的高龄化人群区域。

第三，65 周岁及以上：增长较快。

65 周岁及以上区间在很多统计公报上会单独列出，是高龄化参考的重要指标。统计数据显示，2019 年我国 65 周岁以上人口占比 12.6%，相比过去两年上升了接近两个百分点。图 3－8 将全国及中部六省 65 周岁以上人口占比情况进行了对比。最上方的是全国占比情况，居下的六列分别是山西、安徽、湖北、湖南和河南。通过这样的直接对比，能使各省份高龄化发展趋势更为直观。

以最上一行的国家占比为标准，中部六省 65 周岁以上人口占比超过此线的有两个省份，分别是湖南和安徽。相比前两年，几乎各省 65 周岁以上占比人群都在增加。通常情况下，65 岁以上人口的占比有两个节点：一个是 10%，这是高度老龄化社会认定的临界点；一个是 12.6%，这是2019 年各省份与全国在老龄化程度排位的临界点。图 3－8 的中部六省全部超过 10%，而在 2017 年仍有江西和山西低于 10%，无疑，2020 年中部地区的老龄化呈现加速趋势。

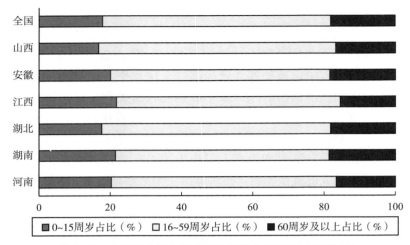

图 3 - 7　全国及中部六省主要年龄段人口比例（2019 年）

资料来源：相应年份中国统计年鉴、相应省份统计年鉴和统计公报，其中部分数据来自 EPS，课题组在此基础上对相关数据进行了整理。

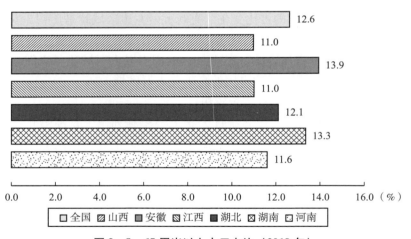

图 3 - 8　65 周岁以上人口占比（2019 年）

资料来源：相应年份中国统计年鉴、相应省份统计年鉴和统计公报，其中部分数据来自 EPS，课题组在此基础上对相关数据进行了整理。

　　江西人口出生率在中部地区长期处于中高位，山西的人口出生率则长期处于低位。从老龄化推进程度来看，江西和山西在中部地区近年都低于其他省份增速，但山西在未来的人口均衡发展困难不小。山西在中部地区工业化推进较早，城镇化进程也更快，体制内人口占比较高，多种因素导致其人口出生率长期低于中部其他省份。虽然相比中部其他省份，山西老龄化占比不是最高，但其青少年占比偏低，意味着未来 10 ~ 20 年人口年龄结构加剧老龄化。与此对应的江西、安徽和湖南，人口年龄结构则相对乐观。核心理由是这些省份的青少年比重可以为其人口均衡发展构建"护城河"。从静态的现在来看，这些省份也进入深度老龄化；但选择动态视角分析，这些省份尚拥有持续人口红利，是国内较年轻省份。

我国老龄化不可避免进入高龄化社会，逐渐增加新生人口是降低中老年人口比重的重要路径。现阶段劳动力年龄区间 16 ~ 64 周岁人口比重过高，0 ~ 15 周岁的未来劳动力比重偏低。中部六省的 65 岁以上人口已全部超过 10%，安徽甚至已接近 14%。未来几年我国 65 周岁以上人口的比例不可避免将继续增长，因为其中大部分人是出生于新中国成立后的婴儿潮，人口数量相对集中。

全面均衡人口发展必须从容应对已经发生的和将要发生的老龄化相关工作。此外，最重要的是立足现在的同时着眼未来，加强对人口出生率工作的各项配套辅助工作。人是社会性产物，尤其是在现代社会中，早已经跳出了传统习俗和所谓的繁育冲动，对于婚姻和生育问题必须回到社会、经济、文化和制度的逻辑。希望通过积极的措施，在现有人口格局基础上，进一步优化我国的人口年龄结构、性别结构和地域结构等。于我国同处儒家文化圈内的日本、韩国等，饱受老龄化问题困扰已多年。借鉴相关国家的一些经验，或对我国老龄化工作有所裨益。

（三）城乡结构变化

我国的城镇化实质性的大规模推进开始于 20 世纪 90 年代，加速期则在 21 世纪。统计公报显示，2019 年末我国大陆总人口 140 005 万人，其中城镇常住人口 84 843 万人，占总人口比重（常住人口城镇化率）为 60.6%，比上年末提高 1.17 个百分点。户籍人口城镇化率为 42.35%，比上年末提高 1.15 个百分点。此外，2019 年城镇就业人员 42 462 万人，其中城镇新增就业 1 351 万人，比上年增加 37 万人。全国农民工总量 28 652 万人，比上年增长 1.7%。农民工群体中，外出农民工 17 185 万人，增长 1.5%；本地农民工 11 467 万人，增长 2.0%。

居住地与户口登记地所在的乡镇街道不一致且离开户口登记地半年及以上的人口，通常归类为"人户分离"人口。2019 年全国人户分离的人口 2.80 亿人，其中流动人口①2.36 亿人。《中国流动人口发展报告 2017》显示：2016 年我国流动人口规模为 2.45 亿人，是中国流动人口总量连续第二年下降，主要原因是户籍制度改革使部分流动人口在流入地落户转化为新市民。对比 2019 年和 2016 年我国流动人口数据，三年之内减少 900 万人，我国流动人口规模已连续多年下降。人口从农村转移到城镇，转化为"新市民"的前提，是能够在城镇获得稳定的就业。因此，一个区域或一个城市的新增就业，对于农村转移进入城市，具有极其重要的意义。

图 3-9 所描述的是近年我国城镇新增的就业数，实质上是城镇吸收并消化农村劳动力的人口规模，是城镇化的重要通道。近年来全国城镇新增就业数年均超过 1 300 万人。2017 年相比去年增长了 1 351 万人，说明我国的城镇化正在快速推进之中。就业驱动型人口流动是当前人口城乡转化的主体形式，决定了我国城镇化的推进效率与可持续性。所有的人口流动，最终需要依托在就业为核心的经济发展之中。当然，就业驱动的人口流动与最终农村人口在城市的沉淀转化率仍有较大差距。

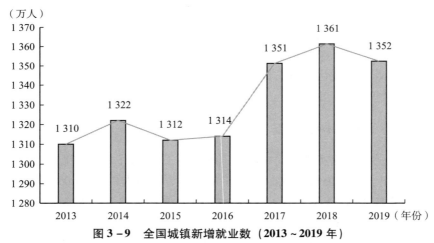

图 3-9 全国城镇新增就业数（2013～2019 年）

资料来源：相应年份中国统计年鉴、相应省份统计年鉴和统计公报，其中部分数据来自 EPS，课题组在此基础上对相关数据进行了整理。

传统计划经济体制下我国城乡分割严重，"二元"体制下尤其是户籍

---

① 流动人口是指人户分离人口中扣除市辖区内人户分离的人口。市辖区内人户分离的人口是指一个直辖市或地级市所辖区内区与区之间，居住地和户口登记地不在同一乡镇街道的人口。

制度，人口流动的规模和频率都较低。乡村人口流入城市并沉淀转化为城镇居民的途径有限，这是我国新中国成立后几十年城镇化推进速度慢效率低的重要原因。进入新世纪后，加入世界贸易组织的契机在很多方面拉动了市场需求，劳动力也是重要的生产要素，这是生产密集区域从农村吸收人口的底层动力。在经济发展到一定程度后，生产力和市场力驱动我国的政策调整，尤其进入 2010 年之后，经济发展驱动的社会发展连动，促使传统城镇化模式逐渐转向"新型城镇化"，多种城镇化形式因地制宜地推进发展，如就地就近城镇化、特色小镇等。

中部六省拥有较多富余劳动力，长期以来都处于劳动力输出低位，人口流动性较强。传统上的"离土不离乡"是小半径、短时期外出务工；"孔雀东南飞"是大半径、长时间人口流动。经济激励在要素流动的驱动因素，越具有吸纳力、凝聚力和竞争力的区域经济，也就越具有更强的人口活力，显然经济激励是推进我国城镇化运动内在动力。从区域经济发展视角，中部地区城镇化程度和工业化水平低于沿海发达地区，因而发展梯级层次要低。中部地区人口流向发达省市、省内省会、家乡城市、县、镇，逐级形成错落相间的梯度结构。具有更强互动性和流动性的梯度立体结构是目前和未来阶段的发展趋势，这比过去单向聚集于东部沿海发达地区京津冀、长三角和珠三角的形式，具有更高市场效率和聚集效率。

本课题组在分析中部六省城乡结构分布过程中，人口规模数据采用年末常住人口而不是户籍人口。主要原因是，以劳务输出省份年末常住人口肯定远小于户籍人口；与之相反的一线城市北京、上海、广州、深圳等，其社会管理人口大于年末常住人口，更远甚于户籍人口。人口流出与人口流入的失衡，也是人口流动强度的具体化。因此，在考察各省城镇化演进过程中，流动人口规模、结构和频率等指标，能很好表达空间聚集与流动预期的情况。但是，现实中此类数据较难获取。通过查找中部六省相关统计数据，汇总各省城乡人口数量、比例等形成表 3-8。

表 3-8　　　　中部六省城乡结构分布数据（2019 年）

指标	河南	湖南	湖北	江西	安徽	山西
年末常住人口（千万人）	9 640.00	6 918.40	5 927.00	4 666.1	6 366.00	3 729.00
城镇人口（千万人）	5 129.00	3 958.70	3 615.47	2 679.3	3 552.80	2 220.75
乡村人口（千万人）	4 511.00	2 959.70	2 311.53	1 986.8	2 813.10	1 508.47

续表

指标	河南	湖南	湖北	江西	安徽	山西
城镇比例（%）	53.21	57.22	61.00	57.40	55.81	59.55
乡村比例（%）	46.79	42.78	39.00	42.60	44.19	40.45

资料来源：相应年份中国统计年鉴、相应省份统计年鉴和统计公报，其中部分数据来自 EPS，课题组在此基础上对相关数据进行了整理。

相比过去几年数据，表 3 - 8 呈现出许多新内容。归纳起来，有若干特征值得关注：

1. 中部城镇化程度仍较低，发展潜力很大

基于人口城镇化的全国城镇化率已经达到 60.6%，连续多年快速推进。中部地区仍然只有一个省份保持这类似推进节奏。除湖北之外的其他五个省份，目前都没有达到国家平均的城镇化水平，中部地区整体城镇化程度仍然较低。从另一方面判断，中部地区仍有较大的城镇化潜力，基础设施建设、人口流动和就业激励等，还有很大发展空间。从经济发展的角度思考，中部地区需要创造更多的就业机会，也就需要在资金、企业、技术和市场等多个方向推进。从地理区位与产业功能等维度考察，中部地区是衔接东部和西部贯通的"腰"。具体到六个不同的省份，各自发展程度也不平衡，这也意味着各省在自己的城镇化和工业化道路上有其自身规划和战略。

2. 中部城镇化省际差异大，就业仍是重点

表 3 -8 显示，2019 年中部六省城镇化水平最高的是湖北，常住人口城镇化率是 61%；最低的省份是河南，常住人口城镇化率为 53.21%。这个结构已延续多年。从城镇化进程的节点和结构来看，中部六省可以分为三个梯队：第一梯队是湖北，代表中部地区城镇化的最高水平；第二梯队是湖南、江西和山西，是城镇化速度接近国家平均水平的省份。尤其要指出的是，山西与湖北的工业化和城镇化相对接近，之前一直处于中部的第一梯队。正常逻辑下，山西的人口规模较小，具备跨入更高城镇化程度的基础和机遇。但是，目前山西在多个方面遭遇困难，其中经济发展和产业转型是最大的阻碍。就业是城镇化进程的锚点，没有稳固的就业做基础，人口流动最终不能沉淀，城镇化的数字也无法代表实际的社会和经济发展事实。第三梯队是河南和安徽。安徽的经济发展目前处于一个转轨节点，

未来将迎接若干年的城镇化跃进。河南的城镇化水平提升相对较慢，这与其人口规模较大有很大关系。现阶段河南城乡结构调整很快，省会城市郑州就业与社会保障向前迈出一大步。自2017年河南城镇化水平超过50%，2019年提升到53.21%。提高比例上平均每年1%，但对于接近1亿人口的河南，代表着百万人口的转移，这是一个巨大的工程。

3. 中部城镇化发展有逻辑，关联人口结构

中部地区城乡结构三梯队分布情况有其内在逻辑，一方面自身经济发展速度、产业结构和就业情况是基础条件；另一方面也与各省人口结构和年龄梯队关系密切。湖北和山西的人口出生率在中部地区偏低，老龄化程度偏高，并且城镇化和工业化程度较高。山西原本在城镇化第一梯队，但是今年推进速度较慢。原因前面有所提及，一是就业机会的减少，人口老龄化给予人口流动的蓄水池效应下降；二是不能忽视发展到一定程度后，其后续推进力量的弱化。当然，国家层面的城镇化推进仍在大步向前，能够实现这一目标的基础是经济增长和就业增长。山西在这些方面遭遇挑战，这是从城镇化第一梯队掉队的重要原因。为了更直观地比较中部六省城镇化水平的客观差距，将中部六省城乡结构数据比例化，并进行图形化处理，形成图3-10。

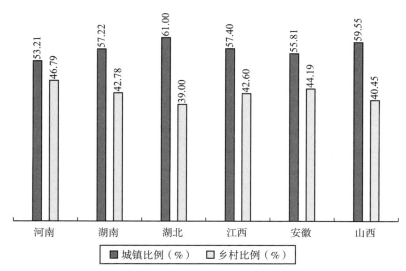

图3-10 中部六省城乡结构对比（2019年）

资料来源：相应年份中国统计年鉴、相应省份统计年鉴和统计公报，其中部分数据来自EPS，课题组在此基础上对相关数据进行了整理。

中部城镇化水平的第二梯队省份，湖南和江西人口出生率较高，青少年、劳动力和老年人口等人口结构相对稳健；第三梯队包括河南和安徽。安徽和河南都具有较好的人口基础，老龄化程度最低，青少年比例较高。按照这个人口结构优化思路，安徽的城镇化进程具有加速潜力；河南则因为人口规模较大，其城镇化推进的速度略有滞后，在中部地区城镇化程度较低的状况仍将持续。但可以肯定的是，如果经济发展速度能保持目前的节奏，后续发展过程中人口结构的优势必然体现在城镇化和工业化等方面。

统计数据呈现的是当前各省的发展现状，不一定形成未来发展的因果关系。结合中外和过去我国数十年的发展经验，城镇化发展与工业化进程存在强相关关系。随着区域经济进一步发展，在当前"十三五"跨入"十四五"的时间窗口，各省正谋划新的规划。在继续推进城镇化的过程中，各省必将因地制宜出台城市发展政策。区域竞争进一步扩大省际和城际发展差距，"虹吸效应""溢出效应""涓滴效应"和"挤出效应"也将同时存在。国家战略布局与重大基础设施建设等因素，也是加速所在省市发展的催化剂。河南郑州的快速发展提供了一个成功的案例，在近10年其城镇化发展速度远高于一般城市，其推进效率的核心即围绕高铁建设的城市规划和建设。客观上，城市和城镇能够吸纳农村转移人口，必须建立在就业为驱动、制度为保障、流动为途径的一套开放机制，这既是经济和社会发展的需要，也是"人"作为社会基本个体实现自我价值的理性选择。归根结底，是尊重市场经济对"劳动力"资源进行合理配置的功能。

第四章

中部人口发展趋势

新中国成立初期我国提倡多生。随着形势变化，人口发展的观念也在调整。实质性提出控制人口生育，始于 20 世纪 70 年代。"一个不少，两个正好，三个多了"，再调整为"一对夫妇只生育一个孩子"。政策的主要对象是主体民族汉族，具体执行时候也区分城镇和乡村。我国人口面临老龄化的时间节点，正是世纪之交的"千禧年"。回顾过往，我们的生育政策调整过晚，执行"一胎化"政策时间过长，这成为目前我国面临人口生育率下降和人口深度老龄化双重困境的一个重要背景。我国先后对生育政策进行调整，先过渡到"单独二孩"，生育效果未达预期，随后调整为"全面二孩"。相比其他推行人口规模管控措施的国家，我国推行生育政策时间最长，控制力度最强，规模控制也最严格。最严格执行政策的几十年，也是我国经济发展较快的时期，在诸多因素叠加的这段时期，我国家庭生育文化、人口结构和社会亲缘结构等，已发生根本性的变化。

现代社会的生育问题，不再是简单惯性，而是多种因素综合作用的结果。其中，生育文化的因素不能忽视。生育文化形成于多种因素在社会发展的动态博弈过程，是一个民族文化的重要部分，一旦形成便具有较强稳定性。生育文化是生育事实的原因和结果，会随外生冲击调整重塑。我国的主体民族是汉族，汉族文化中历来崇尚"多子多福"。由于民族政策等因素，"一胎化"政策主要针对汉族，生育文化受到极大冲击，人口出生率下降幅度较大。根据 2010 年的人口普查数据，汉族的全国占比相比上一次大普查已开始下降。结合近年统计数据，主体民族的人口出生率下降，也必然改变全国人口的民族结构。从空间分布来看，除个别政策实验区域，各省份主体民族的人口出生率都趋于下降。民族差异叠加人口聚集的空间差异，导致某些少数民族人口聚居地区，如新疆、西藏、内蒙古等，人口出生率要远高于其他地区。

生育政策、生育文化、生育观念和生育选择存在空间异质性。"全面二孩"政策在各省份的反馈也有较大差异。中部地区生育政策的内容和执行，与全国其他地区大体一致。基于生育政策视角下梳理近年中部地区人口的发展情况，对于把握后"全面二孩"时期的中部地区人口均衡发展，预判中部地区人口未来发展趋势，具有一定理论价值和现实意义。

一、必然的生育率调整

统计数据显示，2015 年实行全面二孩政策后，人口出生率虽然短暂上升，但 2017 年后即开始大面积下滑，显然未能达到预期。2015 年我国的人口小普查公布的总和生育率，出乎各界意料的低。虽然被质疑数据过低，并不符合当前我国客观现实，随后经过多次调整，尽管如此，学界、官方大都认可一个事实，我国当前的总和生育率已跌破代际更替的标准。我国是一个人口大国，虽然人口规模能够承受一定时间周期较大深度和广度的人口调整。但是，从国家安全和国家发展的角度，人口问题是一个国家和民族的根本大事，不允许试错也难以承受试错，因为人口发展战略失误的代价极其高昂。

人口出生率下降已是全球性难题。单身人口全球性增加；随着经济发展，选择独居生活方式的人越来越多；随着结婚年龄越来越晚，夫妻生育障碍率升高、生育意愿下降等，在多个方面冲击生育率。从中部地区的历史和现状来看，生育率调整必然随着全国大环境共振。后"全面二孩"的中部人口发展，当然也有后发地区的优势以及生育文化的特性。以下列出部分生育率发展变化的重要方面，既是对生育率震荡下降的一个总结性梳理，也是对策建议的逆方向探因。

（一）生育机会成本不断提高

经济成本是理性人选择的一个重要参考。生育在现代社会也面临成本的选择。相比过去，女性选择生育的机会成本远高于过去。无论是当前中国，还是其他儒家文化圈的发达国家，如日本、韩国、新加坡等，也包括西方发达国家，丹麦、挪威、瑞典等。女性生育机会成本的不断提高是导致生育率下降的重要根源。

社会分工提升了劳动力价值，生产力提高的同时也给"人"更高赋值，工作的价值增大，生育的机会成本增加。工业化之前的小农经济形态中，女性的劳动价值较低，生育的机会成本较小；工业化之后女性的劳动价值提升，生育的机会成本增加。显然，高生育率随着个体社会价值上升逐渐下降,这是工业化进程中生育率降低自然逻辑。

生产力与生产方式不断扩展"劳动"的内涵和外延。从农耕为主的大农业时代,进入以制造为主的工业化阶段,知识、技能及思维能力等价值逐渐超过体力。男性的性别优势逐渐变得可替代,性别差异在劳动环境、劳动方式和劳动时间等方面的偏向性逐渐消散。工业化使女性进入传统上偏重体力和耐力的行业。男女平等意识是提高劳动参与率提高、扩大劳动力规模的心理基础,促成女性广泛参与社会劳动。

女性生育比男性付出资源更多,显性成本包括妊娠、哺乳和看护婴儿等,隐形成本则包括工作绩效与晋升机会,乃至职业生涯规划等。现代生活节奏加快,职业竞争加剧,女性生育下一代的机会成本快速攀升。尤其对于高学历、高职位、高收入的精英女性,其生育的机会成本更高。男女平等是社会进步的体现,但平等不能局限于狭隘的"对等"范畴。男女具有先天的自然差异,也有其各自独自的生理基础,尊重客观存在的差异才是男女平等的基础。女性在职业选择、工作选择和生育选择之间比男性选择更复杂。

社会进化越快,也为女性发展提供更多的可能性,也意味着女性选择生育的机会成本越高。现代女性比过去资源禀赋更高,人口更加独立,生活自主事宜比例提升,包括婚姻和生育。生育机会成本的上升,导致女性在其选择范围下,低生育率必然增加。当然,生育不仅是女性的选择,也是男性在理性思考下的选择。职场、求学和生活等各种压力因素,现代社会男性也倾向于少生孩子。显然,人口生育率的不断走低是社会发展必然。西方先发国家的人口发展历程证明,即使是实行高福利政策的国家,如芬兰、冰岛、挪威、瑞典等,即使社会福利覆盖各个方面,生育率持续走低仍不可避免。经济因素是导致人口低生育率的重要因素,但是,这不是决定因素。

(二)工业化持续赋能劳动力

工业化来源于科技发展,但工业化推进来源于劳动和就业。"技术"是工业化的动力,"人口"是工业化演化的前提和基础。传统农业、牧业和小手工业依赖体力和畜力,劳动者体力和耐力成为竞争的生理基础。传统农耕社会的生产方式下,性别差异和生理差异是社会分配差异的客观基础,这也是社会文化演化的经济基础。生产力和生产关系的辩证关系,决定了社会分配制度倾向于具有体力优势的男性。

工业化提高劳动力的经济价值和市场价值,原因是工业化持续赋能劳动力。从劳动价值变化审视，实质是生产方式演进所催生的个人创造能力、社会价值和财富水平的提升。工业化背景下的"人"意味着更高使用成本，这一逻辑成为高生育率向低生育率转变的重要力量。这个逻辑在于，工业化演进依赖人口基数和市场广度。市场可以通过梯级竞争不断扩大，人口则需要自身繁衍和吸收移民。人口也包括基础工人和技术工人，是"劳动力"需求逐级放大过程。工业化越升级，"劳动"的市场价格必然随之上涨，放弃劳动的"生育"成本很高，"劳动"的供给也就动态调整。

技术赋能劳动力可以降低对低层次体力劳动的依赖。市场规模扩大、市场形态丰富和市场结构精密，促进劳动力投入升级，劳动力的投入产出形态更加丰富。随着工业化的深入，劳动要素从低强度往高强度发展，从低素质往高素质提升。社会对生产者和劳动者的需求层次不断提高。人口规模、教育强调、研发投入等，成为推进研发创新的重要基础，这是工业化演进依赖劳动与就业的重要原因。当今世界的工业化国家，如中国、美国和欧洲各国，适度的人口规模是科技创新和综合发展的物质基础，也是穿越各种风险实现持续发展的重要前提。这是生育率不断降低的客观事实，又是必须拉升生育率的发展需求。当前很多发达国家处于低生育率困境，始终在探索平衡劳动力投入、低生育率困境、老龄化社会的多角博弈。通过移民尝试的美国、法国、德国等，如今正处于族群冲突、文明冲突、信仰冲突之中，这也为我国平衡相关问题时提供现实案例。

（三）科技发展提高技能基准

生产力提升带来丰裕生活，也提升了大众生活品质。应该注意，生产力提升的客观基础是社会劳动者素质的提升，这是包含职业素质和其他技能等要素的综合提升。"提升"需要成本，包括时间、精力、教育投资等，这些成本也是推动生育率转变的重要因素。与此同时，生产力发展"提升"的成本，在宏观层面要求整体人口素质的提高，在微观层面，是对劳动力职业技能门槛的提高，即产业深化提升职业技能门槛。

前工业化的农耕社会中，农户、地主、小手工业者、封建领主是社会人群的主要构成。封建领主拥有政治权利和经济资源优势，同时具有更好的教育基础。其他的社会成员，如农户、小手工业者等，主要掌握职业传承技能，且范围局限于血缘所构建的社交圈；极少数农家子弟有机会获得学习机会。因此，社会的教育普及率不高，人口文化素质不高。

科技进步需要人口基数,否则社会发展无从谈起。西方国家从黑暗中世纪,经历文艺复兴、启蒙运动之后的科技快速发展,说明了教育对于人口素质发展并推进社会演进具有重要支撑作用。

现代各国普遍重视国民教育,提倡人文素质和科学精神培养。虽然国家间存在发展差异和文化差异,但提升人口素质是各国共识。制度、教育和文化所形成的人口素质差异,最终导致国家间的发展差距。一直站在世界发展前沿的中国,正因为在制度和教育等方面的缺失,导致近代落后于西方。

科技发展宏观层面提高人口素质要求,微观层面提升职业技能门槛。客观需要国家提供经济、教育和职业培训等支持。劳动者也必须主动去提升自身价值,主动或被动进入竞争通道。围绕现代技术发展的职业技能门槛提升,人口发展在不同国家呈现不同的模式和路径。部分国家人口急剧膨胀,出生率高企,如非洲国家坦桑尼亚、肯尼亚等,相伴随的是国民教育程度低、社会生产力低、国家经济增长低;部分国家人口出生率降低,包括东南亚许多发展较快的国家,但人均教育成本、培训成本和职业技能成本高。科技发展加强的竞争,不仅在国内社会,更在于国际社会。中美目前的主要争端,科技战是一个主要方面。经济的竞争是科技实力的竞争,也是人口发展的竞争。社会竞争强度不断提高的背景下,生育率降低成为许多国家无奈的选择。显然,生产发展提升职业技能门槛的同时,拉长劳动者从新手到熟手的成长周期、培训成本和经济负担,也是人口高出生率逐渐转向低出生率的一个根源。

(四)生活方式演化提升成本

生产力低下时大众温饱尚难以达成;生产力提升后社会资源日渐丰裕。物资丰饶、商品丰富、选择多样,现代的生活方式必然更加精细和多元。虽然产权制度、分配方式和管理体制存在国家差异,但生产力提升后的社会产品给予公众更丰富的生活方式。加尔布雷思(J. K. Galbraith)就提醒社会财富不断发展时更需要注意社会阶层利益均衡。市场经济体制关注效率,更容易忽视社会公正的平衡力量(countervailing power)。因此,社会发展过程中更应该注意政府在社会公共品供给的责任和义务。例如,向社会提供住房、教育、交通和社会福利等公共产品,这是生活方式演化的一个重要方面。但是,在此基础上,社会大众提高生活品质必然不断增加个人的生活成本。民众对于美好生活的向往,推动生活品质随生产力提高而提升，生活成本无疑将成为一个渐进式螺旋。

人类社会曾长期处于低水平产出与消费阶段，大部分人在温饱边缘，贵族王公之外的大众生活方式相对粗陋。生产力提高使社会拥有更多物质财富。虽然所有制性质和分配方式决定劳动成果的最终分配；但长期来看，生产力提高最终能传达至每个人。工业化社会的社会产品逐渐丰富，大众生活方式从粗放转向文明，社会分工日益细化，生活成本不断提高。

物资丰裕是生活方式演进的基础，科技进步是生活方式演进的催化剂。先进生产方式和科技革命扩张的同时，其价值观将以文明的形式辐射和扩散，后发国家生活方式渐向发达国家靠拢。科技进步的溢出效应，加速人类社会演进。科学、文明和现代生活方式极大提高人类社会生活成本。农业社会运行不依赖通讯、电力、水力、医疗和教育等基础设施，却是现代生活必不可少的基础。

城市化还是一个重要的人口调整和聚集的方式与过程，其运行的动力同样来自于工业化。东西方的城市化和工业化存在逻辑和形式差异，但发展规律具有普适性。传统小半径、村落性的农耕社会零散聚集状态，演变为大半径、城市型的工业社会高密度聚集生活。高效、便利和高聚集性，是社会资源集约利用的体现。但这种发展需要成本，以家庭为单位考察，家庭负担的基本生活成本远高于过去。"低生育率是社会文明进步的一种代价"具有合理性和必然性。

（五）生育文化突出个体价值

生育文化对人口生育观念的影响持久、深入、稳定。生育文化与政策法规的直接粗暴不同，它是一种"软约束"，却比硬框的政策具有更强的影响力，间接影响着个体的生育选择。从定义上说，文化是凝结在物质之中、游离于物质之外的一种抽象，包含着国家或民族的历史地理、风土人情、文学艺术、思维方式、习俗传统、生活方式、行为规范、价值观念等，是人群相互交流被认可并传承的意识形态，是知识与经验的升华。文化具有传承性、稳定性和辐射性，需要较长时间形成、变化和融合。

文化进步对人口生育率所形成的冲击和影响，比其他因素更持久和坚韧。一个文明的传承，必须具备一定的人口基础。中外历史上都曾有许多民族湮灭，只留其名而不见其人。可见，人口结构、人口规模、人口文化不能维持在临近点之上，民族只能异化发展或消亡。以独生子女政策为例，若持续过久，"家族"文化必然消亡，甚至人际关系模式也难以维持。宏观方向上看，独生子女政策对于国家军队建设、宗祠文化等，也存在巨大的消极影响。

我国拥有漫长深厚的农耕文明历史。几千年来我国有高生育率和男孩偏好传统，这是生产方式硬约束和医疗卫生低成年率等综合作用的占有策略选择。20 世纪 80 年代开始的生育政策趋紧，高生育率惯性被阻断，传统生育文化也被强行遏制。政策执行初期遭遇巨大社会阻力是现实必然。当政策内化为生活方式并成为生育文化的一部分，低生育率也演变为主动选择。个体发展到群体、点逐渐延连成线，生活方式成为文化重要组成，"低生育陷阱"内嵌入社会文化之后，低生育率已成我国生育惯性，这是令人担忧的生育现实。

（六）人口持续输出弱化中部

中部人口出生率一直在下探，但中部劳动力输出方向仍未改变。中部人口输出主要以劳动力为主，非平衡的人口持续输出一定程度弱化中部人口持续发展。年龄结构、性别结构和空间结构的不平衡长期输出，对应人口流入地的人口结构不平衡。长期人口输出，至少在以下方面对生育趋势形成冲击。

1. 年龄结构失衡

就业和求学是人口流出的主要驱动因素。中部地区的流出人口集中在 14 ~ 59 岁，正是生产和创造的主力军。对于个体来说，寻找更多的资源、更好的机遇、更大的平台，是时代赋予的权利与机遇；对于中部地区来说，就业和求学等方面吸引力不够，导致青壮年和相关人才的流失；反过来又加重地区竞争力的下降，易导致持续性收缩。家庭教育方面，青壮年缺位不利于儿童成长和家庭稳定。显然，持续性人口输出弱化地区生育欲望和能力，包含短期冲击和长期影响。年龄结构失衡对生育弱化的冲击将具有很长释放期。

2. 婚育年龄推迟

婚育年龄推迟是全球普遍现象，广泛存在于中等收入以上国家，尤其是工业化程度较高的国家。原因在前面也有所描述，既有客观的社会发展、教育培训和职业发展等问题，也有个人意愿、生育文化和社会偏向等因素。中部人口持续输出导致婚育年龄推迟的因果逻辑比较直接。

人口流出后本地人口年龄结构和性别结构就无法平衡相应的婚配人群，人口输入地区北京、上海、深圳、广州等城市，虽然也存在年龄结构和性别结构失衡因素，但存量规模足够缓冲这些矛盾。输入城市婚育年龄推迟的原因与中部地区不同，更多在于生活成本过高、工作压力过大、社交范围有限等。中部省会武汉、郑州、长沙、南昌也有类似冲击。中部地区婚育年龄推迟的因素中，大量适龄人口流出，从而减少了婚龄人口的总体规模，成为重要原因；流出人口的性别比例失衡，加剧现代男女婚恋难度。

3. 家庭功能异化

现代社会人口流动的频率、范围和规模远胜于过去。中部地区人口持续输出，也是人口、信息和工作的频繁流动，这是现代社会的共性，一定程度弱化和异化了传统的家庭功能。中部地区人口输出的很大原因是寻求就业机会和求学机会等。在客观存在的发展梯度下，中部地区人口持续输出短期不可改变，必然冲击传统家庭功能视角的家庭稳定。持续的人口输出，婚育年龄推迟，组建家庭难度加大等，诸多因素冲击存续家庭稳定，社会也在不断重塑"家庭"功能。

二、震荡的中部生育率

生育政策对生育率有重要影响，尤其是我国这样从计划经济转轨市场经济的环境。政策规定、家庭状况和生育选择之间，通常存在博弈，这点与西方国家不同。传统和现代的冲击，仍在我们当前的生活中处处体现，生育选择也依然如此。从统计数据看，我国生育政策在控制人口数量方面效果明显，但在激励生育方面却不显著。

纵观过去几十年我国的人口生育率变化情况，显然受生育政策的影响和冲击很大。在最近几年，又受经济发展和生育文化影响，整体上呈现震荡探底趋势。统计数据显示，"全面二孩"政策实行之后，2017年和2018年我国各省份人口出生率情况便已出现较大变化。图4-1选择2016~2019年四年的各省份出生率数据进行排序，以2019年出生率从低到高升序排列。同年的国家数据放在最下面一行。从2019年的数据来看，东北地区三个省份、天津、上海、北京等，是人口出生率相对较低的区域。最高的是西藏、宁夏、青海、广西和贵州等少数民族聚居区。对于同一个省份提供了4年的数据进行对比，最上面一行是2016年数据，依次为

2016 年、2017 年、2018 年和 2019 年人口出生率数据。图 4-1 能够比较直观地对比国家层面到省级层面信息。和自身相比，大部分省份都呈现下降趋势，少数地区人口出生率出现回调上升。

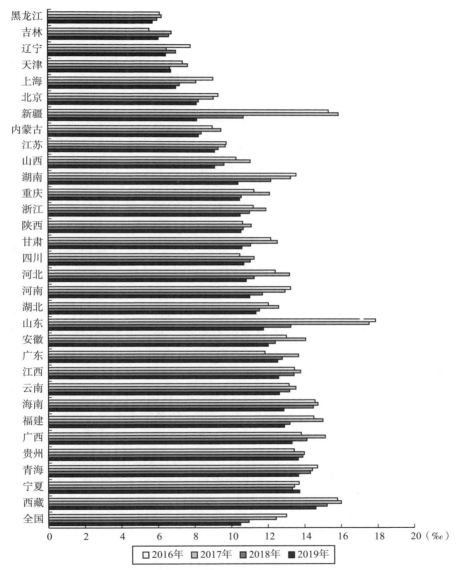

图 4-1 我国人口出生率变化趋势（2016~2019 年）

资料来源：相应年份中国统计年鉴、相应省份统计年鉴和统计公报，其中部分数据来自 EPS，课题组在此基础上对相关数据进行了整理。

在图 4 - 1 的对比中，中部六省呈现在中间区域。江西和山西构成两极，安徽、湖南、河南和湖北处于第 11、13、14、21 位（以 2019 年数据排序）。江西排全国第 9 位，山西排全国第 22 位。中部人口生育率近年在全国排位整体下降，新生人口增速相比其他地区有下降加速趋势。

（一）山西：低位不断探底

山西人口出生率的转变，是中部地区最契合西方人口转变理论的案例，山西也是中部地区最早和最快实现人口转变的省份。虽然与西方发达国家的生育率转变、工业化进程、城镇化演进的很多方面类似，但山西的调整周期远短于西方国家。人口转变的高效率自然也有成本，时间效率的成本将由人口结构加速转变对冲，山西进入人口老龄化比预期更早更快。中部地区山西的人口规模最小，出生率长时间第六位。山西这种短时间实现的人口出生率变化，不是完全的自发行为，不是社会发展、经济发展和文化变迁过程中的自然选择；它的启动是基于全国性生育政策约束，它的持续和当前的低位探底是多种因素动态博弈的选择。

结合统计年鉴和统计公报数据，整理 1978 ~ 2019 年山西人口出生率数据并生成山西人口出生率变化趋势图，如图 4 - 2 所示。图 4 - 2 中选取辅助线标示出生率下降趋势。

从山西连续 40 年的人口出生率数据和趋势图中可以看出，下降趋势已然确立。虽然在此期间，部分年份有震荡调整，但最终仍运行在下降通道中。数据显示，山西人口出生率峰值出现于 1990 年，为 22.54‰；对应的最小值出现于 2019 年，为 9.12‰，这也是山西人口出生率的新低。40 年时间的人口出生率极差为 13.42‰。在山西人口出生率转变的过程中，1990 年可以被看成分水岭。1980 年，国务院向全国人民发出号召，提倡一对夫妇只生育一个孩子的"严格调节"。1984 年 4 月，中央转发《关于计划生育情况的汇报》，要求进一步完善计划生育工作的具体政策，包括严禁超计划二胎和多胎，坚决处理违反计生政策的干部。人口生育政策执行逐渐从 20 世纪 70 年代以个人觉悟和自我约束转向具有制度性强约束的硬性推进。但事实的执行过程中，整个 80 年代的人口出生率几乎都运行在高位区域。真正出现人口出生率下降，甚至急降的年份，是在 1990 年之后的 30 年。这一个时间段，我国许多省份都出现人口出生率的急速下跌，直接原因是生育政策的执行力度层层加码。当然，生育趋势形成之后，政策推进生育的效果却非常微小。我国在 2010 年后先后实现

"单独二孩"和"全面二孩",从图4-2的山西人口出生率趋势可以直观看到,政策实施后效果仅出现1~2年的生育冲击,之后仍然在下降通道。近年山西的人口出生率还屡屡创新低。

山西是中部地区经济基础较好的省份,也拥有丰富的自然资源,尤其是煤矿等,在新中国成立以前就成为重要产业,因此进入工业化时间较早。从经济发展程度和城镇化水平来看,"千禧年"时期湖北和山西是中部地区第一梯队。从目前来看,人口出生率下降最快的也是山西和湖北。

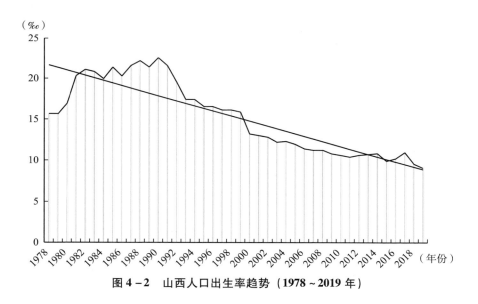

图4-2　山西人口出生率趋势(1978~2019年)

从2019年数据来看,"全面二孩"政策推行之初的生育高峰已完全释放累积的生育意愿,当前已重新回到下降通道。我们认为:虽然"全面二孩"提供了较过去宽松的政策背景,但不能改变社会因素和经济发展对于人口生育的刚性抑制。山西的人口出生率短期仍徘徊低位,长期仍将继续下降,人口结构问题更加严峻。

(二)湖北:反弹之后下降

湖北长期以来是中部地区的经济强省,不仅拥有地理区位优势,也有良好工业基础。在中部地区一直以来占有最强区域影响力和辐射力。省会武汉在新中国成立前就已是我国的重点城市,新中国成立后也是国家区域规划的重点区域，是我国高度教育密度、强度和实力居前的高智城市。湖北在中部六省中高教资源最丰富，省会武汉拥有多所"双一流"高校和其他特色高校，这是其他省份短期无法复制的优势。对于以人才为核心的人口竞争、人才竞争和"引智"竞争，湖北最迫切的问题是在"人才聚集区"如何"留住"和"使用"的问题。

湖北的人口出生率调整轨迹与山西具有较多相似，但人口规模不在一个量级。湖北人口常年保持在 5 800 万人左右，未来 2 ~ 3 年可能突破 6 000 万人；山西则在 3 700 万人左右，是中部人口规模最小的省份。湖北的人口出生率与山西不同之处在于，迈入 21 世纪后曾一度较快回升。但受多种因素综合作用，目前也将进入下降通道。根据官方公布的相关统计数据，图 4 - 3 对 1978 ~ 2019 年的人口出生率数据排列进行了描绘。

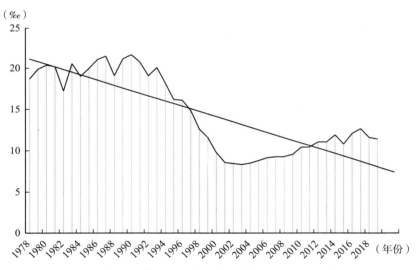

图 4 - 3   湖北人口出生率变化趋势（1978 ~ 2018 年）

资料来源：相应年份中国统计年鉴、相应省份统计年鉴和统计公报，其中部分数据来自 EPS，课题组在此基础上对相关数据进行了整理。

综合比较图 4 - 2 和图 4 - 3，虽然二者的总体走势都处于下降通道，但下降过程却又存在较大区别。以两个重要时间窗展开比较：首先，两省人口出生率峰值都出现在 1990 年。湖北 1990 年人口出生率达到 21.6‰，山西为 22.54‰。这显然是未来几十年也难以超过的高出生率；其次，"千禧年"后两者走势区别较大。1990 年之后湖北的人口出生率持续下探,谷值是 8.26‰。1990～2000 年的 10 年时间内,湖北人口出生率跌去一半,强硬的人口政策和坚决的执行力度是人口出生率断崖下跌的主因;但是,2003 年之后,湖北进入了较长的爬升期。这个人口出生率的缓和与恢复阶段,山西并未出现。由于前期下跌过于激烈,湖北的人口出生率在此期间逐渐回升。过于激进的下跌,导致湖北是同期中部地区人口出生率最低的省份。在这段时期内,2000～2009 年一共有 10 年时间低于 10‰;同期中部其他省份人口出生率基本在 12‰ 左右,江西一度超过 15‰。

"单独二孩"政策在湖北的正式推行比其他省份更晚。从图 4－2 中可以看出,湖北人口出生率的反弹开始于 2000 年左右,经过 10 年开始回到 10‰ 以上。从高位快速跌破 10‰,生育政策发挥了主要作用;从低位回升的过程,政策推动效果却不显著。"全面二孩"颁布的 2015 年经统计发现,湖北全省符合条件的家庭有 47.25 万个,申领《生育证》35 403个,已生育 14 226 个,仅占符合条件家庭的 3.01%。"全面二孩"从 2016 年推行后,符合生育条件的人口基数增加,2017 年人口出生率持续上升。但这已经将累积的生育意愿释放完毕,短期不再具有较强冲击,2018 年湖北的人口出生率已经开始下降,2019 年重新进入下降通道。从长期看,湖北将跌破 10‰ 并将继续下降。

(三) 湖南:窄幅温和调整

湖北与湖南的生育率发展区别较大。总体上湖南的生育率转变曲线比湖北温和,调整振幅在相对合适区域。人口规模上湖南和湖北接近,但湖南略高于湖北;经济发展模式和工业化维度,湖南曾长期依赖农业,工业化基础略逊于湖北。据长江之势,湖北工业化启动早、基础好、人才多、辐射强,经济发展、教育发展和工业发展比湖南有优势。近年湖南后发竞争力凸显,经济呈现强劲上升趋势。

前面提到 20 世纪 90 年代湖北人口出生率的断崖式下跌,也分析过平稳下探几乎没有回调的山西。湖南的人口生育率调整趋势与山西和湖北有较大区别,既无湖北的大降幅、快降速,也没有山西的持续下降。湖南的生育率转变不可避免受生育政策严格执行的强约束,但从高到低的出生率跳跃后,整体运行基本在温和稳定的区间。

图 4－4 是湖南 1978～2019 年的人口出生率信息。对比图 4－2 的山西、图 4－3 的湖北,图 4－4 的回归趋势线与其他省份一样下降。从图 4－4 中

可以看出，近几年湖南的人口出生率与1990年之后数据，处于大致相同的区间。2019年人口出生率10.39‰，是最近几十年的新低。从预测数据看，湖南在经历多年的窄幅温和震荡之后，将要正式进入下降通道。

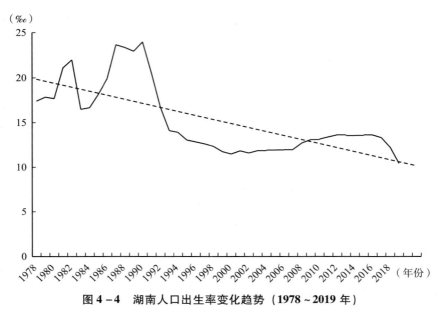

图4-4　湖南人口出生率变化趋势（1978～2019年）

资料来源：相应年份中国统计年鉴、相应省份统计年鉴和统计公报，其中部分数据来自EPS，课题组在此基础上对相关数据进行了整理。

生育政策的冲击节点分别是1980年和1984年，湖南受政策冲击的影响并不明显。1982～1983年，湖南的人口出生率出现跳空，直接从21.98‰降到16.48‰；人口出生率峰值出现于1990年，达到23.93‰，随后下降较快。但不同于湖北和山西，湖南在急速跳空后长期走势平稳，20多年都以窄幅温和的形式围绕14‰调整。波谷出现于2000年的11.45‰，随后的出生率大都处于11‰～12‰区间。湖南2014年3月正式实施"单独二孩"政策，2016年3月实施"全面二孩"。从图4-3看到，湖南2011～2015年的人口出生率波动仅在0.2‰，政策效果很小；2018年下降趋势确立，2019年继续下行创出新低。

生育政策对人口出生率的冲击需要2～3年的时间窗口。湖南人口出生率长期处于窄幅波动，政策的外生冲击显然没有效果。本课题组认为湖南人口出生率的温和区间是人口生育意愿的真实体现，有无生育政策冲击都能保持在 10‰左右。但从我国的宏观人口发展趋势看，湖南无法脱离生育文化的大环境，未来人口出生率必然继续下降。

（四）安徽：探底趋势已立

安徽人口规模介于湖南和湖北之间，20世纪末期经济发展水平、工业化水平和城镇化水平尚处于中部地区靠后。但进入21世纪之后，安徽通过产业转型等措施，区域经济发展较快，教育改革、医疗卫生等各项事业稳步推进，社会文化生活等方面逐渐向发达省份靠拢。近年一度以产业风险投资"神手"被广泛关注，其中尤以在汽车制造业、面板制造业和中国科技大学人才培养等方面被社会认可。从近年的经济发展和产业布局来看，安徽足以在中部继续壮大；在人口均衡发展领域，安徽在过去几十年中也有类似湖南起伏适度和发展平稳的优势。除开特定的生育政策严控期，安徽人口出生率长时间处于六省中间区域。即使在当前全国人口出生率下降趋势中，安徽的人口出生率仍未到达前期低点。根据统计年鉴数据，整理 1978～2019 年安徽人口出生率得到趋势图，如图 4-5 所示。

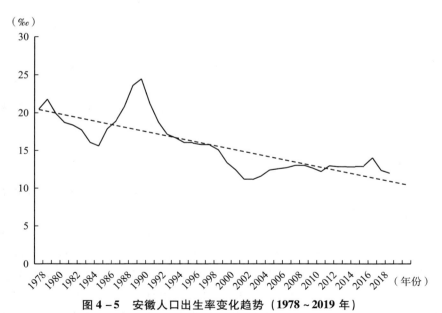

图 4-5　安徽人口出生率变化趋势（1978～2019 年）

资料来源：相应年份中国统计年鉴、相应省份统计年鉴和统计公报，其中部分数据来自 EPS，课题组在此基础上对相关数据进行了整理。

安徽的人口出生率峰值在 1990 年，这个时间窗和其他省份重叠。随后生育政策执行收紧，人口出生率快速下降。图 4-5 展示的人口出生率下降趋势主要集中在 1990~2002 年。安徽人口出生率下降比其他省份相对温和，趋势线斜率平缓。

20 世纪末安徽的人口出生率有几次起伏。其中一个低点是 1985 年的 15.61‰。中部其他省份 80 年代的人口出生率基本运行在高位，安徽却出现一个生育率低谷，这成为 1980~1990 年中部地区人口出生率最低地区。安徽的稳步下降，应该归类为政策的强烈冲击。说明在当时生育政策的执行速度和执行力度，明显强于同期其他中部省份。1990 年的区域峰值点 24.47‰，随后是进入 90 年代的普遍调整期。1990 年之前的人口出生率，安徽低于其他中部省份；1990 年出现的峰值点，安徽高于其他省份。因此形成两个显著的政策期间；1980~1985 年单调递减，1985~1990 年单调递增。在这段期间内，安徽的人口出生率与生育政策呈现强相关关系。

进入"千禧年"之后，安徽在 2003 年到达人口出生率的阶段性波谷 11.15‰，随后出现温和的反弹。反弹高度和持续时间比低于湖北，但温和的反弹一定程度避免了大幅度的震荡，是一种相对真实的出生率，人口发展趋势较为稳健。在"单独二孩""全面二孩"的政策环境下，安徽人口出生率保持在 13‰，这与前期温和震荡的出生率呼应，生育政策的冲击对真实出生意愿的效果已经不显著。经过 2017 年的 14.07‰ 之后，安徽到达"全面二孩"政策后中部地区人口出生率反弹的高点。随后的 2018 年和 2019 年开始回落，人口出生率重新进入下降通道之中，预期未来几年或有小幅度调整，但趋势仍保持继续下探。

（五）江西：持续动力渐弱

收集相关统计数据并描点成图，获得 1978~2019 年江西人口出生率变化趋势，如图 4-6 所示。

对比其他省份，江西的人口出生率变化呈现出相对平稳态势。即使在一胎政策执行最严格的时期，江西的人口出生率也保持着相对稳定的出生率，因而在中部地区长期处于中高区间。现阶段我国人口出生率普遍下降，江西虽然没有跳出大趋势，但仍是中部地区人口生育率最高的省份。在全国范围，江西的人口出生率也仅次于新疆、宁夏等少数民族聚居区。在生育政策严格执行期间，江西的人口出生率也从高位下探，从 1990 年之后几乎全部处于下降通道。先后推行的"单独二孩""全面

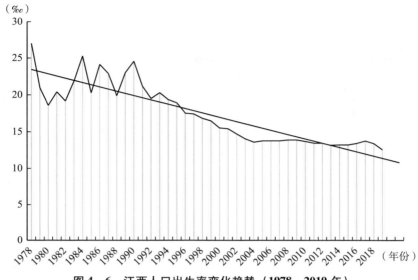

图 4 - 6　江西人口出生率变化趋势（1978~2019 年）

资料来源：相应年份中国统计年鉴、相应省份统计年鉴和统计公报，其中部分数据来自 EPS，课题组在此基础上对相关数据进行了整理。

二孩"等政策，即使在其他省份具有显著生育激励效果，但在江西并未呈现其显著性。从图 4 - 6 中可以看到，2015 年和 2016 年有很轻微的冲击，但并未形成较大影响，随后在 2017 年后掉头进入下探趋势，2018 年和 2019 年确立进入下降通道。

对比多个省份的若干重要时间点，江西的人口出生率变化趋势有一些特点，归纳起来包括：

（1）江西人口出生率走势明朗清晰。图 4 - 6 显示，江西的人口出生率最近 20 年都保持着相对稳定，调整空间不大，13‰ ~ 14‰是其主要空间。从人口出生率的绝对值分析，江西处于中部地区的较高位置。但其稳定性穿越了多个生育政策的窗口期，对比其他省份呈现出难以想象的平衡。从趋势上看，江西人口出生率从 1990 年起即随全国大趋势进入下降通道，但不同之处在于后期却未随政策显著震荡。稳定的人口出生率说明江西的生育理念相对保守和成熟，生育的自主性较强烈；相应地，生育政策不管是约束机制，还是激励机制，其调控效果已淡化。

（2）出生率峰值比其他省份出现早。选取的 1978 ~ 2019 年区间内，中部其他五个省份人口出生率峰值集中出现于 1990 年；江西在这样期间很早就出现峰值并多年震荡。考察期峰值是 1978 年的 27.01‰。震荡期结束之后，江西进入人口出生率的下行期，虽然期间存在政策冲击，但是其稳定下降的趋势穿越了这些窗口期。中部六省生育率趋势只有江西呈现出这样的稳定性。

（3）人口出生率下降幅度非常平稳。中部地区人口出生率的显著下降趋势大都开始于 1990 年，江西也不例外。但是，江西保持相对较高出生率的同时，下降的速度和幅度都相对平稳。2004 年人口出生率到达平台期之后，基本处于轻微的震荡。相比湖北等省份，江西的平稳性穿越各个重要的生育政策节点。在这个方面，安徽和江西的表现比较接近，都保持着平稳下降的特征，这些省份人口出生率较大程度体现真实生育意愿。

江西的人口规模在中部地区并无显著优势，但近几十年却保持着最稳定的生育率。即使在人口生育率普遍下降的趋势中，江西在 2019 年仍保持 12.59‰ 的年出生率。显然，这个结果的背后必然存在深刻的社会、经济和文化原因。虽然从大环境和大趋势看，江西的人口出生率必然继续下探；但仍能确定，其下降幅度和速度相比其他省份会更保守。

（六）河南：生育大省转向

河南是中部地区人口规模最大省份，2019 年末常住人口 9 640 万人，接近 3 倍的山西人口规模，是中部地区人口发展最重要的区域。河南人口生育率变化，对整个中部地区有重要影响。选择河南相应年份出生率数据并绘图，得到图 4 - 7。

近几十年来，河南的人口出生率变化也具有其显著特征。图 4 - 7 中包含若干重要节点信息，由于河南人口规模的基数较大，河南的任何人口变动都需要注意其对应的绝对人口规模。在观察期内，河南出生率的峰值和与波谷时间点，并不同于中部其他省份。其他中部省份的断崖式下跌开始年份是 1990 年，河南的峰值却出现在 1989 年。其他省份在峰值开始断崖下跌，河南在峰值震荡了 4 ~ 5 年，说明河南的生育政策在执行期间存在许多矛盾。震荡激烈过程中连续 3 年保持在 26‰ 左右，是一个很高的人口出生率。在这段时间内，河南人口出生率显著超出其他省份，是中部六省近几十年人口出生率的最高峰。河南人口出生率在 1987 年、1988 年、1989 年分别达到 26.22‰、25.95‰、26.51‰，相应年份的第二是 1987 年湖南 23.62‰、1988 年湖南 23.32‰ 和 1989 年安徽 23.6‰，中间的差距非常显著。这也从侧面反映出，当年强行推进计划生育政策的巨大的基层阻力。

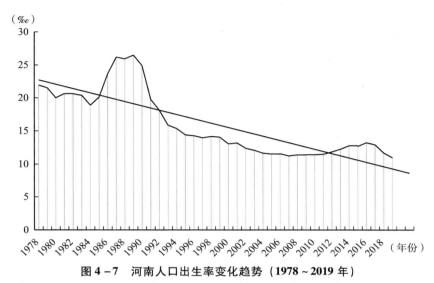

图 4 - 7　河南人口出生率变化趋势（1978 ~ 2019 年）

资料来源：相应年份中国统计年鉴、相应省份统计年鉴和统计公报，其中部分数据来自 EPS，
课题组在此基础上对相关数据进行了整理。

河南的人口出生率的强行下降虽然困难艰巨，但政策预期最终成为
现实。1990 年人口出生率是 24.92‰，1991 年剧降至 19.78‰，一年之间
下降超过 5‰；1993 年已经下降到了 15.87‰，2000 年达到 13.07‰，随
后基本围绕在 12‰震荡，形成了人口出生率的平台期。经济增长和社会
稳定时期的人口出生率剧烈波动，并不符合通常意义的社会发展规律，
也不符合经济基本逻辑，当然，我国在特殊时期实行特殊的生育政策。
这一方面是由于政策刚性的约束；另一方面也说明河南的人口出生率对
于政策具有很强的弹性。"单独二孩"和"全面二孩"政策施行后，河南
人口出生率的较快和较大回应，就是一个例证。虽然从图 4 - 7 中可以看
到，河南的人口出生率回升在 2009 ~ 2010 年期间便出现。"单独二孩"
"全面二孩"等政策在其他省份效果并不显著，但河南累积的生育潜力得
到较强的释放。从人口均衡发展的长期来看，政策性生育反弹难以持续，
最终要回归到社会的生育文化之中，在大趋势下，河南人口出生率未来
几年的走势必然从反弹中转向，区别只在于震荡下行的幅度和节奏。

图 4 - 8 是统一绘制的中部六省 1978 ~ 2019 年人口出生率变动趋势，
从而更立体地进行各省发展趋势的比较。20 世纪 90 年代河南的高位平台

区域、21 世纪初湖北连续多年的底部回升区域、2010 年后山西不断探底的区域等，直观显示了中部六省人口出生率的巨大变化。

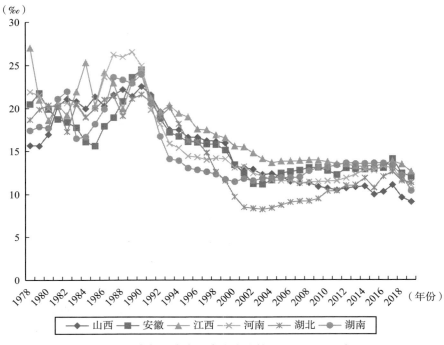

图 4 - 8 中部六省人口出生率比较（1978~2019 年）

资料来源：相应年份中国统计年鉴、相应省份统计年鉴和统计公报，其中部分数据来自 EPS，课题组在此基础上对相关数据进行了整理。

三、出生率的总体下探

2017 年全国新出生婴儿数为 1 758 万人。其中二孩的占比超过 50%，与 2016 年相比减少了 88 万人。在 2018 年国民经济运行情况新闻发布会上，国家统计局局长宁吉喆表示，2018 年出生人口 1 523 万人，人口出生率为 10.94‰，相比 2017 年又减少了 200 万人，下降规模进一步扩大。2019 年全年出生人口 1 465 万人，出生率为 10.48‰。对比连续 3 年的数据，每年出生人口逐年下降；每年人口出生率逐年下降。0~15 周岁人口的规模和比重必然持续下降。

2000 年人口普查显示我国的总和生育率为 1.22，2010 年普查后总和生育率只有 1.18，2015 年 1% 人口抽样调查查明生育率只有 1.05，后续未再公布相应时间的总和生育率数据。当然，早期人口统计存在较多的漏查现象，数据发布后在各界的质疑下也进行了多次矫正。但是，当前我国的总和生育率已低于世代平衡更替水平，这已为各界所认可。总体上，从前面分析能够注意到一个关键时间点，即 1990 年。中部地区人口生育率开始急剧下行开始于 1990 年，这也是为什么很多关注我国人口发展问题的学者认为，我国生育率低于世代更替水平始于 20 世纪 90 年代左右。总之，任何一个国家的人口生育率持续下降，人口出生率长期运行在低位，不利于国家和民族的人口均衡发展，也不利于民族复兴和国家繁荣。

我国生育政策调整变更过程中充满争议。以当年"单独二孩"和"全面二孩"的调整为例，部分学者坚持不能放松生育政策，否则将导致出生率过快增长，人口规模迅速膨胀，几十年的独生子女政策努力化为泡影。站在 2020 年的今天来回看，当时的判断和担忧显然是过虑的。这些问题让我们不能不反思，为什么在人口发展政策规划的时候，能出现如此大的偏差？而且推翻这些估计与预测，仅需要两三年时间。仍然以"全面二孩"为例，政策实行后连续 3 年的统计数据显示，释放的累积生育与预估都相差甚远。就中部地区六个省份的统计信息显示，基本上两年之内人口出生率就出现回调。政策对人口生育率的冲击作用微不足道。

以往我国人口政策将生育率从高位推进到低位发挥了重要的作用，甚至改变了我国的生育传统和生育文化。短期看，生育政策能够刺激人口出生率，一定程度影响人口结构；但从长期看，背离社会发展趋势，实质性改变人口发展，这样的人口政策很难达成目标。在经济快速发展过程中，几乎所有的国家都经历了出生率高低转换。显然，我国也不会成为例外。

（一）下降趋势确立

相比过去两三年的统计数据，对于"全面二孩"所形成的累积生育意愿逐步释放节奏存在不同观点；但到了 2019～2020 年，全国范围内的出生率数据已经很直接的显示，生育政策的冲击已经过去，人口出生率的下降趋势已经确立。作为汉族人口占绝对主体的地区，中部六省的人口出生率没有脱离这个宏观背景。

2017～2018 年的人口统计数据体现了生育政策的外生冲击，但其效果有限，并未出现在政策预期的新生人口快速增长。在中部地区，主要的冲击年份集中在 2016～2017 年，2018 年就已经有部分省份的生育率重新跌入下降通道。2019 年则进一步强化下降趋势。以中部地区人口出生率一直运行在高位的江西为例。江西人口出生率自 1990 年开始，基本保持着中部前两位，是生育意愿和生育能力较稳定的区域。即使在生育政策调整周期内，其人口出生率也大致稳定，并无太大冲击。在"单独二孩"政策之前，大都认为江西积累的人口生育意愿较强；因此在预估人口发展规模时，给予江西在"单独二孩"到"全面二孩"较高的人口增长预期。江西 2014 年 1 月正式实施单独二孩政策。江西省卫计委调查显示，截至 2015 年 9 月 30 日，江西符合单独二孩条件且有意愿、有能力再生育的育龄妇女规模约 16 万人，占全省人口总数 3.55‰左右；已办理"再生一胎"生育证的单独夫妇为 54 917 对，符合政策有条件生育二孩的育龄妇女办证率仅为 34.3%。随着"单独二孩"政策放松至"全面二孩"，江西的人口出生率和政策发布之前差异并不大。根据江西 2016 年人口变动情况抽样调查结果显示，江西省人口出生率下降趋势得到初步扭转，2016 年全省出生人口为 61.59 万人，比上年增加了 1.48 万人；2019 年全年出生人口 58.6 万人，出生率 12.59‰。三年对比新生人口规模下降了 3 万人左右。

中部地区人口增长率最高的江西已从震荡期进入下降通道。人口生育率长期低位运行的山西更加难以乐观。山西人口出生率自 1990 年以来几乎单边下跌，"单独二孩"和"全面二孩"有些冲击，但基本运行在下降通道。"单独两孩"政策自 2014 年 5 月实施，截至 2015 年 12 月，山西符合条件的群体超过 60%，但转化效率极低；2016 年 1 月山西放开"全面二孩"政策，统计公报数据显示，2016 年山西出生人口 37.79 万人，人口出生率 10.29‰；2019 年山西出生人口 33.97 万人，人口出生率 9.12‰。在 3 年内山西的人口出生规模下降近 4 万人，而山西年末常住人口不到 4 000 万人。江西和山西是现阶段中部人口出生率运行区间的两个重要样本，一高一低的运行模式具有一致性和稳定性。从人口规模比较，河南是中部第一大省，江西处于中间位置，山西则最小。河南曾经在高位运行，但近年也进入下行通道。

腾讯（Tencent）2017 年 3 月根据网上问卷调查的信息形成《二孩调查分析报告》提到，"二孩"的实现比例不到总数的 1/3，事实生育率远低于生育意愿。中部地区的案例数据大致吻合该判断。综合 2017 年、2018 年和 2019 年的中部六省的人口出生数据，震荡过程已经结束，现在正是新一轮探底过程。考虑到中部地区仍是重要的人口输出地区，未来中部的人口性别结构、年龄结构等，发展趋势不容乐观。

（二）省际持续分化

图4-8整体反映了最近40年中部地区的人口出生率变化趋势。虽然各省存在较大差异，但都在整体运行通道中保持同步，在生育政策调整和社会经济发展大趋势中小幅度调整分化。在生育政策的调整冲击中，各省的人口规模、人口结构和人口分布存在差异，人口发展在时间和空间的呈现也必然不对称。正如图4-1所示，全国各个省、市、自治区的分化严重：既有黑龙江、辽宁和吉林等人口负增长的区域，也有新疆、青海、西藏和宁夏那种人口出生率很高的区域。在中部地区，虽然整体下降趋势已经确立，并不影响省与省之间人口出生率的分化仍将持续。

"单独二孩"出生人口远低于预期，是"全面二孩"加快推出的直接原因。各省人口存量、流动偏好、经济基础以及生育文化等区别，加剧省际人口性别结构、人口年龄结构失衡，各省分化情况各有不同。从宏观思考，以放大人口规模的途径缓和人口结构矛盾，再通过时间推迟老龄化和高龄化的发展节奏。现实的发展趋势是，如果人口出生率仍然下探，老龄化社会进入"老龄"社会的速度将更快。这对于我国人口均衡发展将形成冲击。

中部地区人口出生率的持续分化有几个层次，下降趋势最强的省份是湖北和山西。湖北2019年末全省常住人口5 927万人，相比2018年仅增加10万人。2019年人口出生率为11.35‰，连续第4年下降。山西人口规模和人口出生率在中部最低。2019年末全省常住人口3 729万人，比上年末增加10万人，人口出生率9.12‰，是山西近几十年的最低出生率。

湖北和山西的工业化和城镇化较早，这也是20世纪80年代生育政策执行更加彻底的客观基础。客观上1980～2000年独生子女比例高于江西和河南等城镇化率偏低的区域。出生于这一期间的公民，年龄最大的女性已进入生育阶段末期（40岁），最小的女性则将逐渐进入生育活跃期（20岁）。目前山西已经进入高龄化，生育活跃期妇女比例下降，山西的人口出生率继续下滑已成定局。湖北和山西将成为下降趋势最强的两个地区。

湖南2019年人口出生率降幅很大。以单独一年的下降幅度和规模排序，湖南跌幅超过山西和湖北。从 2018 年的 12.19‰ 到 2019 年的 10.39‰，跌幅为 15%，降幅为 1.8‰。湖南 2019 年常住人口 6 918.4 万人，全年出生人口 71.8 万人，相比上年下降超过 10 万人。湖南是中部地区的人口第二大省，高于湖北和山西。湖南近两年人口出生率的下行速度较快，其性质和山西不太一样。从人口规模上看，湖南和山西在两个不同层级；湖南的出生率长期保持相对稳定。目前尚不能把湖南归为山西和湖北一类，还没有足够的理由确定湖南的急速下降趋势。

在另外一个分类框架下，江西、安徽和河南具有较多相似之处。河南 2019 年末全省常住人口 9 640 万人，比上年末增加 35 万人；全年出生人口 120 万人，出生率 11.02‰，总人口增速、出生人口数和出生率都比上年下降。"单独二孩"和"全面二孩"政策实施以来，河南出生率稳定下降。因此，从省际分化来看，河南与湖北、山西一样在下降通道，但降幅和降速显然更为缓和。

江西和安徽的人口出生率发展趋势也和山西等身份不同。江西 2019 年末全省常住人口 4 666.1 万人，比上年末增加 18.6 万人；全年出生人口 58.6 万人，出生率 12.59‰，已进入全面下降通道。安徽的下降趋势也已确定。根据统计公报显示，年末常住人口 6 365.9 万人，增加 42.3 万人。相比上年，人口增速下降。2019 年人口出生率 12.03‰，比上年下降 0.38‰。安徽和江西受政策驱动的效应较弱，与中部其他省份相比，生育率的稳定性更强。虽然在"单独二孩"和"全面二孩"之后，相应年份人口出生率有所提升，但其显著性弱于其他省份。2018 年、2019 年在大趋势下探的背景下，安徽和江西的下降幅度相对温和。正是六个省份在下降通道的不同表现，未来生育率的省际分化趋势会更显著。

（三）生育政策弱化

如果说 2018 年的人口数据还不能做出判断，基于 2019 年的信息，可以认定"全面二孩"政策的冲击在 2016～2017 年便已得到充分释放。"单独二孩"到"全面二孩"的政策变更，政策冲击的现实结果和政策实施之前的预期"剪刀叉"越来越大，是生育政策对生育现实转化效果逐渐弱化的体现。

从"高出生、高死亡、低增长"到"低出生、低死亡、低增长"的人口转变，西方发达国家经过了 100～200 年，我国不超过 50 年就已实现。社会自然演化过程中难以短时间加速发展，生育政策的强势推进成为主要因素。以人口出生率、人口死亡率和自然增长率为核心的人口转变，分别依赖两个重要维度。其中，死亡率与生活方式、资源供给、文化教育和社会治安等密切相关。当社会稳定、经济发展、医疗设施齐全和生活方式更文明，死亡率下降很快，人均预期寿命会增加。我国在新中国成立后就迅速达成了这一目标；出生率则受经济、社会、政治、文化和传统等约束，演进路径相对漫长。我国从20世纪70年代开始提出控制人口，80年代后日趋收紧，90年代严格执行，在付出巨大代价后实现"高出生率"到"低出生率"的转变，但同时导致青少年人口大幅下降，人口年龄结构和性别结构严重失衡。生育政策紧缩人口出生率的过程，衍生出政策能够有"效率"管理人口发展的幻觉。

世界上最早实现人口"高出生率"到"低出生率"的转变，大都是先行进入工业化的国家和地区。在这个过程中，有些国家选择自然演进的路径，也有部分通过生育政策选择激进路径。东亚地区的日本、新加坡、韩国等，先后实行生育政策，试图降低人口出生率以实现人口总量控制的目标，同时加快经济发展，尽早跨越中等收入陷阱。政策实现过程中叠加了经济腾飞的窗口期，所以如何评价其生育政策的实际效果，学界没有形成统一观点。但目前这些国家都面临一个事实：人口结构不平衡，人口发展进入低生育陷进。以韩国为例，虽然各种促进人口出生率的政策层出不穷，但是人口出生率持续下跌，年年创新低，从2018年开始就已经是负增长状态。生育政策的效力日趋弱化。在人口"高出生率"到"低出生率"的转变过程中生育政策的真实效力尚存在不确定性，但从"低出生率"恢复到"高出生率"，所谓跳出人口生育率"陷阱"，目前并没有成功政策案例。

我国生育政策的实际效果也存在不确定性。在中部地区，"单独二孩"和"全面二孩"政策的生育冲击整体不显著。虽然2016～2017年存在不同程度回升，但累积的生育欲望一经释放，后续生育就回归到自然状态，最终依赖于人口结构和社会发展现实等因素。显然，人口出生率从"高"转"低"是经济发展过程的客观性、必然性和内在性。当前生育政策对人口出生率的影响力正在弱化，经济基础、生育文化和社会发展等因素对生育率影响日趋强势。

生育率过低、老龄化严重等问题，已成为现阶段的世界普遍现象，西方发达国家有很多经验教训，但目前来看并不能给我国提供明确的借鉴措施。我国的人口规模大、人口结构失衡，之前生育政策的民族非平衡性，一定程度影响了人口的民族结构和空间分布结构。总之，当前我国的人口结构优化问题具有迫切性。在这个背景下，中部地区人口发展问题甚至比国家层面更加严峻。中部地区是劳动力输出地，流出人口绝大部分是青壮年人口，这导致中部的实际老龄化程度更高。中部地区并非发达区域，经济发达程度和相关福利设施，难以支撑深度老龄化社会的需求。此外，很多在外的劳动者，青壮年时期创造的社会财富，主要贡献在就业所在区域；退休之后返回家乡养老成为很多劳动者的选项。

经过多年的经济建设、社会发展和文化影响，当前我国育龄人群婚恋难度增加，生育意愿降低。无论从社会、经济、教育、卫生、文化等各方面，还是从个体的主观意愿，显然都不具备高生育率的现实基础。关于生育对于民族和国家发展的重要性，当前基层仍存在许多落后思维，一方面是过去生育政策宣传的误区；另一方面也体现出部分基层管理者的狭隘和偏激。至今有地方仍对多生者征收社会抚养费，颠倒正常社会养育观念，然而却对一些涉外多生孩子的案例宣扬鼓吹。民众生育行为是利国利民，是牺牲大量的个人资源为社会为国家培养接班人，这在社会化养老时代，特别是极低生育率的今天更是如此。

过去的社会学和人口学观点认为，以政策为基础，从体系性的视角出发，通过经济激励的方式，积极调动生育意愿，能够一定程度上缓解低生育率的问题。当前的社会现实是个人意识兴起，传统儒家文化的家族观念正在淡化，"原子化"城市生活方式在城镇化推进过程中会进一步降低生育率。以往的政策影响、政策推力和政策效力等，在推高生育率方面已然弱化和边缘化。因此，就"人口"谈生育政策激励，这个思路已经不能够解决现阶段的人口问题。总之，无论是借鉴发达国家的人口发展案例，或是我国以往的成败经验，生育政策激励人口生育率的效果弱化是必然，这也是社会发展、经济发展、人口发展和文明发展的客观规律。

第五章

新型城镇化与中部人口发展

　　生产力发展是推进社会演进的核心力量。改革开放后生产力的快速发展，不仅整体推进了社会和经济进步，也对国民生活方式有很大冲击，生育文化也随之改变。建立在农耕文化基础的"多子多福"生育文化，是儒家文化的重要基础，在工业化和城镇化演化的过程中已不断发展更新。过去强制的计划生育政策"粗暴"地打断了生育文化自然的演进，同时也打碎传统的家庭规模和家庭结构。需要承认，如果没有这种"粗暴"的行政干预，工业化发展和城镇化发展也最终会冲击传统人伦观念、乡土观念、传承观念，也逐渐打破以血缘为核心的宗族观念。我们更必须承认，以生产力发展为核心的经济发展最终在文化上更改了以性别为核心的传承观念、以乡土为核心的同乡观念等。

　　工业化和城镇化过程中的人口发展模式，比农耕社会更加丰富和多元。人口发展以家庭为依托，是一个不断扩展"关系"的人的发展过程；城镇化是以"生产力"为依托，是一个人在空间不断流动的过程。如果选择某一个区域，那么城镇化是空间维度下劳动力资源竞争的必然结果。劳动力的竞争性动态配置有利于区域经济的梯度发展。激活和优化这个机制的动力，主要是就业机会、劳动回报和生活成本等因素。通过资源集聚、产业集聚和空间集聚，更多的人口通过劳动力资源空间配置形成人口迁徙、人口流动和城乡流动。

　　区域人口发展有两个重要通道，即人口入口和人口出口。人口入口包含人口出生规模和人口迁入规模；人口出口包括人口死亡规模与人口迁出规模。人口出生率和死亡率通常较稳定；现代社会交通条件改善，人口流动更加频繁。梯级的发展模式通过"极化效应"和"虹吸效应"，促进城乡人口流动。以珠三角为例，深圳和广州既吸收广深周边城市、地区和省份的人口资源，也吸收来自其他省份、地区和城市的人口资源，包含境外和国外人口。作为区域极点的深圳和广州，通过资源的流动推进珠三角区域间共同发展。人口流动的实质是资源的聚集和扩散，这是人口流动的内在驱动力与持续演化动力。

与京津冀、长三角和珠三角相比，中部地区不具备人口流入优势。我国人口流动格局已经具有立体化、多元化和多层次的特征，全国范围内的人口流动和人才流动已经频繁，这有利于以人口为依托的科技、技术、资本和信息等资源互通，是我国经济快速增长的重要支撑。

一、聚集：新型城镇化

现阶段城镇化推进是实现人口聚集发展的重要路径，也是我国国民经济和社会发展快速推进的重要推力。这不仅是"十三五"期间的重要任务，也将在"十四五"继续深入。和过去几十年相比，当前无论是国家层面的城镇化程度，还是具体到各省、市、自治区，城镇化程度已迈入到中期阶段。因此，面对的人口环境、空间环境和其他资源环境，已与过去不同。如何实现发展路径切换和优化，实现更高效率的人口有序转移，促进产业、就业和产业链等多维解与重构，是目前城镇化着重思考的难题。2019 年我国的人口城镇化率已经达到 60.60%。中部地区目前仅有湖北达到全国的平均水平，整体上仍有较大推进空间。考察先发工业化国家城市化进程的得失和发展现状，继续推进城镇化有其必要性和必然性，只是当前的问题是，如何在尽量少犯错误的前提下发挥更大的城镇化红利。对于中部而言，未来发展具有广阔空间和待挖掘潜力。现阶段我国城镇化率主要以人口城镇化为主，户籍城镇化率仍不高。根据统计公报显示，2019 年末我国户籍人口城镇化率为 44.38%，比上年末提高 1.01 个百分点，相比常住人口城镇化率低大约 20 个百分点。

图 5-1 直观体现了几个重要信息：第一，中部地区六个省份和全国相比，城镇化水平较低；第二，中部六省互相也存在很大的城镇化差距；第三，中部六省也存在城镇化发展速度差距。区域竞争不仅包括经济竞争，也包括社会发展等领域，例如江西和湖南。2018 年江西的城镇化水平尚略微落后于湖南，但到了 2019 年，江西已微超湖南，后发而居上成为现实。

中国经济能够持续高速增长，一个重要原因是地区间的竞争与合作。区域竞争离不开资源竞争，包括人口、资本和其他核心生产要素。如果地区发展的平衡性被打破，区域竞争必然形成"马太效应"。当然，西方的市场经济体制与我国的社会主义市场经济体制不同，我国的中央政府对区域发展有更强的调控和平衡能力；但是，不能否认当前东部地区对于

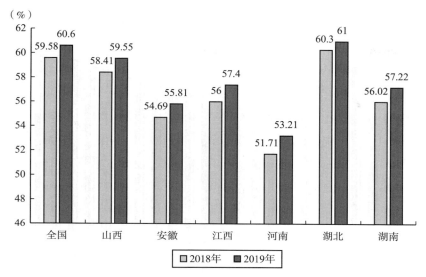

图5-1　全国及中部地区城镇化率（2018～2019年）

资料来源：相应年份中国统计年鉴。

中西部地区的"虹吸效应"。因此，加速推进中部地区的城镇化发展，是在区域竞争中快速崛起的必经之路。

（一）山西：动力渐弱

山西曾经是中部地区工业最发达省份，资源丰富，商业兴盛，经济发达。这是山西城镇化率在中部地区第一梯队的重要原因。近年山西人口出生率屡创新低，人口老龄化加速走向高龄化。虽然生育政策的外生冲击对人口出生率有暂时刺激，但无法阻止继续下探的大趋势。山西的城镇化过程，属于资源输出型推进，并非传统制造业扩张。在没有核心竞争力的时候通过吸收大量劳动力完成的城镇化，一旦市场变化，就业机会的流失将对经济发展和城镇化的推进带来消极影响。山西是我国重要的资源输出型地区，依赖资源储备与开采，依赖资源市场竞争，产业转型、经济转型、发展转型压力极大。从就业机会预测人口聚集，山西的发展短板很多。

山西人口规模较小，属于中部六省的人口轻量级。人口规模小，城镇化程度提高相对较快。整理相关统计数据，采用图表展示山西城乡人口规模变化趋势。图5-2是山西城乡绝对人口规模变化，图5-3则是比例变化，通过对比更直观地考察时间序列下山西城乡人口流动的趋势。

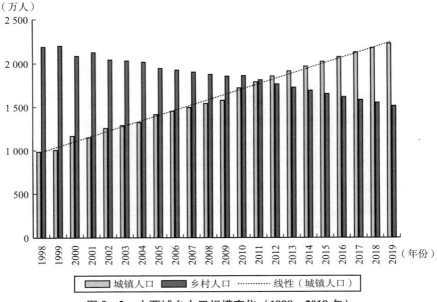

图 5 - 2 山西城乡人口规模变化（1998~2019 年）

资料来源：相应年份山西统计年鉴和国民经济和社会发展统计公报。

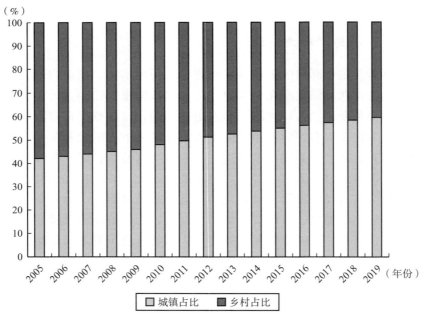

图 5 - 3 山西城乡人口占比变化趋势（2005~2019 年）

资料来源：相应年份山西统计年鉴和国民经济和社会发展统计公报。

图 5 - 2 选择"千禧年"前两年的 1998 年为起始年份。彼时城镇人口为 984.33 万人，乡村人口则超过 2 000 万人，山西城镇人口不到乡村人口一半。城镇化还处于启动前期。进入"千禧年"之后，也是我国加入 WTO 之后，经济快速发展。资源输出型的山西获得高速发展的契机，由于就业机会的增加导致大量人口从乡村转移到城市，城市人口规模迅速增加。跨入 21 世纪 10 年后的 2011 年，山西城镇人口和乡村人口已近持平。该年乡村人口为 1 808 万人，城镇人口为 1 785 万人；2012 年城镇人口超出乡村人口，2019 年则达到 59.55% 的人口城镇化率。

山西城镇化的推进速度和推进深度，早期在中部六省中效率最高；但进入到 2015 年之后，一方面城镇化已经到达中后期；另一方面区域经济发展面临较大转型困难，城镇化的节奏开始放慢。图 5 - 2 从总量分布情况反映，图 5 - 3 是城乡人口比例的变化趋势。

中部地区城镇化率目前最高的省份是湖北，其次是山西，虽然位列第二，但这么多年仍低于全国平均水平。如果在未来几年山西的产业转型、就业扩张和经济发展等方面仍未实现突破，城镇化发展将可能被其他省份赶超。

（二）江西：加速追赶

江西的工业化转型相对较晚，很长时间都依赖第一产业，这在经济发展、产业转型和人口流动等方面，严重影响着江西的发展模式。从这个角度看，山西和江西差异很大，也是两省人口发展模式差异的根源。2019 年江西的城镇化水平达到 57.4%，比山西低 2 个百分点；在进入 21 世纪之后，两省的城镇化水平差距超过 5 个百分点。当然，江西的人口规模也超出山西很多。

如前面所述，江西过去以传统农耕经济为主，客观上导致经济增长较慢、农业人口过多、人口流动较少；山西则偏向资源输出型经济发展模式，前期经济发展较快。由于初级资源开发而形成的采掘业、冶炼业和配套产业，创造了大量就业机会，因此实现人口聚集，城镇化进程启动较早。这是早期山西城镇化快于江西，但近年被江西快速追赶上的直接原因。江西资源储备同样非常丰富，但过于依赖农耕，工业化转型较晚，成为制约的因素。农业人口规模大、比重高，导致江西城镇化进程相对落后于我国平均水平。图 5 - 4 是近年来江西城镇人口和农村人口规模演变的轨迹。

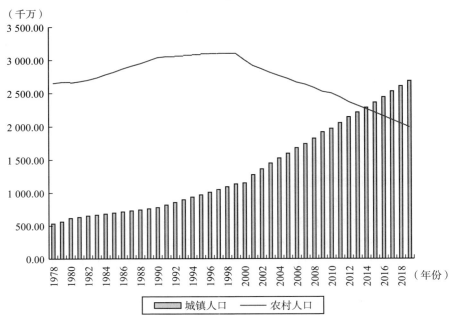

图 5 - 4　江西城乡人口规模变化趋势（1978 ~ 2019 年）

资料来源：相应年份江西统计年鉴和国民经济和社会发展统计公报。

　　图 5 - 4 选取 1978 年为起始年份。该年城镇人口 533 万余人，乡村人口约 2 650 万人，城乡人口占比情况为城镇人口不足乡村人口的 1/5，江西的城镇化起点低、启动晚、压力大。江西的城镇化进程的加速在 2000 年之后，2014 年城镇人口超过乡村人口。对比山西，其在 2011 ~ 2012 年实现乡村人口与城镇人口占比切换（见图 5 - 5）。江西人口规模基本保持在 4 000 万 ~ 5 000 万人，人口城乡流动涉及大量就业岗位的创造和转移，实际上依赖于经济发展和产业发展。近年江西的经济增长较快，远高于我国平均经济增速，这是江西城镇化近年加速追赶的原动力。目前江西与山西等省份的城镇化格局差距快速缩小，预计 2 ~ 3 年能够追上山西。

　　城镇化演进并未对江西的总体人口规模形成显著影响。从人口出生率分析，江西近年维持在 13‰ 左右，是中部第一梯队。但在总体人口出生率下降的大趋势下，未来几年将会降低。"十三五" 强调城镇化路径的转型，通过新型城镇化实现 "就业" 的多样化和多元化，驱动城镇化对人口流动的吸附和沉淀，也实现了空间资源的重新配置。江西能够在城镇化转型路径上积极尝试，挖掘和利用自身的文化资源、旅游资源、矿产资源等，在就业扩张的基础上加速城镇化发展。

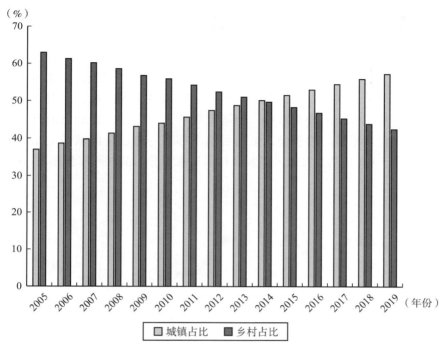

图 5 - 5　江西城乡人口占比变化趋势（2005 ~ 2019 年）

资料来源：相应年份江西统计年鉴和国民经济和社会发展统计公报。

　　江西现阶段仍处于城镇化率较低状态，但近年追赶速度值得肯定。城镇化有利于具有经济发展优势和资源集聚优势的大城市、热点城市以及省会城市；小城市、小城镇将面临人口重新配置的劣势。因此，国家层面有珠三角、长三角和京津冀等地区的大区域竞争，一省之内也存在省会城市、地市城市、县和镇这样的梯级，都是人口流动的重要节点。江西目前仍是劳动力输出大省，若在经济、社会和文化等领域长期失去动态优势，人口持续流出将促发很多问题。城镇化水平提高的过程中，整体人口规模缩小必然导致城市与乡村资源竞争加剧。城市人口规模变化又直接影响市政等多方面发展，又反过来影响城市消化人口的效率。江西当前较高的人口出生率，是江西持续发展的重要竞争力；但人口出生率下降是必然趋势，这就使江西的城乡格局演化产生较大不确定性。

（三）湖北：继续领跑

长期以来，湖北被广泛认为是中部地区领头羊，既包含经济发展也包括科教文卫等方面。省会武汉是中国中部地区中心城市，全国重要的工业基地、科教基地和综合交通枢纽。湖北在新中国成立初期就已经具备较好的工业基础。在 21 世纪我国城镇化大规模加速之前，湖北城镇化水平已高于中部其他省份；在全国城镇化突飞猛进的时候，湖北也没有掉队，依然积极推进产业发展、经济发展和人口发展，目前依旧是中部地区城镇化水平最高的省份，也是目前中部唯一超过全国城镇化水平的省份。图 5-6 是湖北城镇人口和乡村人口总量分布的时间序列图。

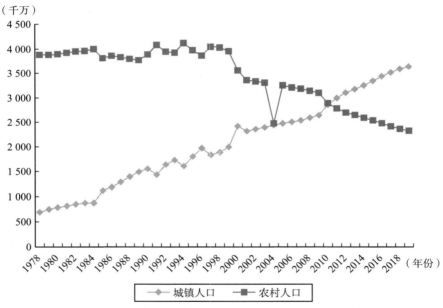

（千万）

图 5-6　湖北城乡人口规模变化趋势（1978~2019 年）
资料来源：相应年份湖北统计年鉴和国民经济和社会发展统计公报。

图 5-6 中 2004 年数据是异常值，联系前后年份的数据变化，其并未改变人口发展趋势，也并不影响整体趋势的分析和判断①。我们不采信

① 《湖北省经济和社会发展统计公报（2004）》的数据显示，全年出生人口 50.6 万人，死亡人口 36.2 万人，人口自然增长率为 2.4‰。年末全省总人口为 6 016.1 万人，其中：城镇人口 2 627.8 万人，占 43.7%；农村人口 3 388.3 万人，占 56.3%。数据存在出入，但不影响趋势。

2004 年异常值为湖北城镇化突进节点，选择具有连续性的 2010 ～ 2011 年作为湖北城镇化水平突破 50% 的时间窗。和其他地区一样，湖北城镇化一方面以就业为依托吸收乡村剩余劳动力；另一方面将城镇工业品推向乡村市场，实现资源的对流。工业化进程、城镇化进程和人口流动呈现强相关性。湖北人口规模不是中部最大，超过江西和山西，但小于河南等省。

湖北和山西工业基础相对较好，启动城镇化的进程较早，但也因为如此，城镇居民比例高，人口发展被以往计生政策管控约束程度也更加严重。湖北人口出生率也与山西一样，较快进入下降通道，新增人口成为人口均衡发展的一块短板。城镇化发展有利于人口从乡村流向城镇，短期加速城镇化进程；从长期发展来看，人口出生率持续下降导致总体人口规模下降，将多个维度对区域经济发展产生负面影响，最终导致城镇化进程在演化升级时面临可持续发展的障碍。

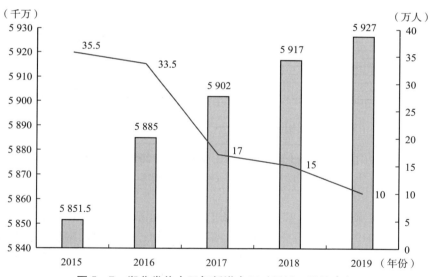

图 5 - 7 湖北常住人口与新增人口（2015 ～ 2019 年）

资料来源：相应年份湖北统计年鉴和国民经济和社会发展统计公报。

从人口总量的角度上看，湖北人口规模震荡中值 5 900 万人，近几十年都在 5 800 万 ~ 6 000 万人区间震荡。通过图 5 - 7 的新增人口趋势可以判断，未来 10 年湖北人口也难以显著突破 6 000 万人。人口是城市发展的血压，以城镇化发展角度思考，湖北在中部具有优势的城镇化和工业化基础，不能转化为经济增长优势和就业增长优势，区域发展也必然无法落在实处。2010年湖北城乡人口基本持平，2011年城镇人口反超乡村人口300多万人，在中部地区最早跨过50%节点。与大部分区域一样，湖北城乡流动显著加速在2010年之后。图5-8反映出2010年后湖北城镇人口比例的快速增加。

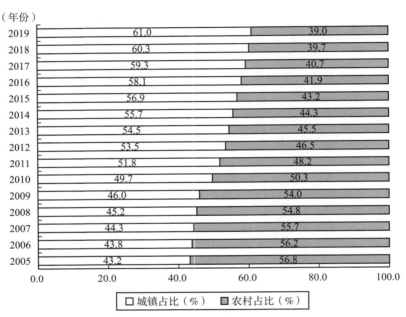

图5-8 湖北城乡人口占比变化趋势（2005~2019年）

资料来源：相应年份湖北统计年鉴和国民经济和社会发展统计公报。

2018年湖北城镇人口第一次超过60%，标志着湖北城镇化进程迈入新阶段。2019年到达61%，相比上年有所增加，但是增加幅度已开始下降。新型城镇化推进过程中实现城乡转化效率的核心，在于吸收、聚集和重新配置就业人口。就业人口也具有年龄区间的划分，这就意味着年龄梯队与青少年人口占比和老龄化比例的问题。

不能忽视人口出生率对区域经济竞争和社会发展消极影响，尤其当生育率跌入下降通道的背景下。2018年迈入城镇化率60%后，2019年湖北的推进速度已开始下降。湖北经济发展将面临需求的结构性调整，包括教育、医疗、社会保障、就业结构等方面。2020年的COVID-19疫情对全球形成冲击，而湖北在这次疫情中受到极其严重的冲击，这可能需要若干年时间才能彻底恢复。湖北省会武汉是中部地区的中心城市，具有最强辐射力，同时也具有中部最强吸纳力。在城镇化率从 60% 推进至 70% 的过程中，武汉当前承受着巨大压力和挑战，其中湖北人口出生率较低，也将成为影响城镇化演进效率的重要因素。

（四）湖南：奋起加速

湖南是中部地区的人口大省，2019 年的年末常住人口已经达到 6 918.4 万人，人口规模仅次于河南。其中，城镇人口 3 958.70 万人，城镇化率 57.22%，比上年末提高 1.2 个百分点，在中部地区可以归类为城镇化推进速度较快行列。湖南人口规模在中部地区仅少于河南，是中部地区的第二人口大省。湖南人口出生率近年较高，但 2019 年跌到 10.39‰，仅高于连创新低的山西。当前阶段湖南在中部地区仍具备较显著的人口规模优势、人口发展优势和人口结构优势。

湖南拥有丰富的自然资源和人文资源。这些当前阶段被广泛认为是湖南发展潜力的资源，过去确是限制湖南经济快速发展的不利因素。在以往农耕生产方式占主导地位的时期，交通不便、城乡分割、农业人口比重过高等，导致生产资料人均占有量较低，成为经济增长的障碍，也直接导致人均生活水平偏低。如果产业发展遇阻，经济发展缓慢，劳动力市场的供给和需求长期失衡，人口大省很容易因为就业和分配的问题催生大量矛盾。

湖南是中部人口大省，也是中部地区举足轻重的人口输出大省，为我国经济的高速发展提供了大量的劳动力，也在这种输出的同时获得快速发展，并推进了城镇化演化，使城镇化率不断提高。图 5-9 是 1978～2019 年湖南的城乡人口规模变化趋势图。

湖南人口规模近 10 年都保持着相对稳定，2019 年常住人口规模为 6 918.4 万人。虽在增加，但增长有限。"全面二孩"后的生育冲击已经结束，新的人口增长点尚未形成，湖南的人口出生率已过了拐点，而老龄化正不断加速。未来人口流动将主要以存量人口流动和老龄化为主要内容。从图 5-9 中可以发现，在起始年 1978 年，湖南乡村人口规模是城镇人口的 7 倍余，城镇化起点低，同时工业化基础也落后于湖北和山西等省份。湖南城镇人口规模第一次超过乡村人口的时间节点是 2015 年；相比而言，湖北 2011 年的城镇化率即达到 51.8%。起点低但加速快，湖南这几年以产业转型和产业扩张为契机，就业增加的同时加速了其城镇

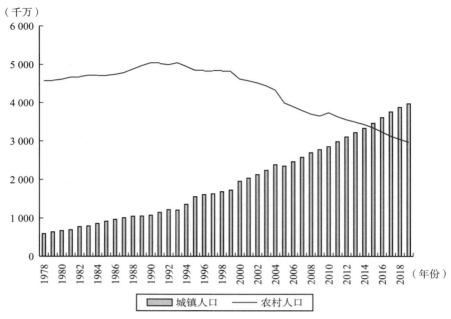

图 5 - 9 湖南城乡人口规模变化趋势（1978～2019 年）

资料来源：相应年份湖南统计年鉴和国民经济和社会发展统计公报。

化进程，每年都以 1 个百分点以上的速度奋起直追。2019 年城镇化率达
到 57.22%。目前仍低于全国的平均水平。

　　人口均衡发展问题与城镇化转型发展存在深刻联系。湖南是中部地
区人口大省，体量大，人口输出规模也大。人口流动的外向型输出规
模、时间和年龄结构等，对区域的可持续发展影响深远。湖南人口流出
方向，具有很强趋势性与集中性。2010 年和 2015 年的深圳人口调查数
据显示，深圳的外来人口中，湖南始终在前三位。相对应的，湖南吸收
外省人口能力较弱；在本省，省会长沙是区域增长极，吸收省内其他城
市人口能力较强。虽然从动态的角度分析，乡村人口会持续流入城镇，
但城镇的持续扩展最终依赖人口的源源不断流入，再到更广义的城乡互
相流通，以市场化机制配置相应的信息和资源。图 5 - 10 采用城镇人口
占比和乡村人口占比的时间序列数据变化，描述 2005～2019 年城镇化
演进趋势。

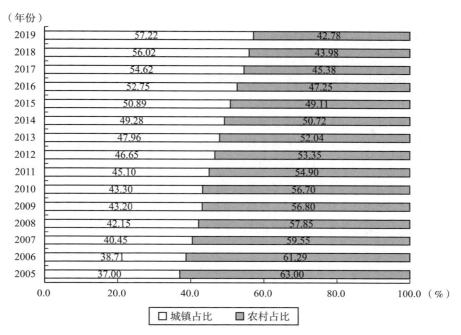

（年份）

图 5－10　湖南城乡人口占比趋势（2005～2019 年）

资料来源：相应年份湖南统计年鉴和国民经济和社会发展统计公报。

（五）安徽：渐至节点

安徽 2019 年末常住人口 6 366.00 万人，但是年末全省户籍人口 7 119.4 万人。户籍人口和常住人口差距 800 万人左右，人口外流比重高、规模大；从增量上来看，户籍人口比上年增加 36.5 万人，常住人口增加 42.3 万人，户籍人口的增加少于常住人口增加。安徽的户籍人口与常住人口差额相当于流出一个大城市，这种倒挂有利有弊。从总量上看，安徽人口规模低于河南和湖南，比江西和山西的人口体量高一个量级。

安徽与江西的发展基础类似，长期依赖农耕方式与农业经济，农业基础较好，农业人口众多，这与山西和湖北差别较大。安徽在工业化进程启动和城镇化率等方面，也比湖北和山西等省份要更晚。我国土地政策、人口政策及社会管理制度等，在很长时间内不利于农业大省的工业化发展，这也决定农业经济比重过大省份在经济发展过程中，人口流动与经济发展难以匹配。改革开放后，东南沿海发展较快，中西部地区发展相对较慢，其中一直以来的经济发展模式是诸多原因中的重要一部分。

随着改革开放深入，从20世纪90年代开始，户籍制度的松动，使传统的农业省份大量农村人口流向东南地区，也流向各个城镇。劳动力从乡村输入城镇，一方面是大规模城镇化的前期探索；另一方面也是要素在市场机制下的重新配置。安徽、江西和湖南等农业人口占绝对多数的省份，虽然城镇化提升速度不快，但人口流动规模庞大，这是年末户籍人口与年末常住人口差额巨大的重要原因。

图5-11和图5-12分别从规模和比例维度描述安徽城镇人口和乡村人口变化情况，图5-11选择2005年为起点年份，安徽乡村人口大概是城镇人口的2倍。我国城镇化的整体启动在20世纪90年代，加速则是进入21世纪之后。2005年安徽35.5%的城镇化水平，显然在中部地区也归类为城镇化起点偏低的范围。同样的时间点，湖北的城镇化水平已经接近57%。

（千万）

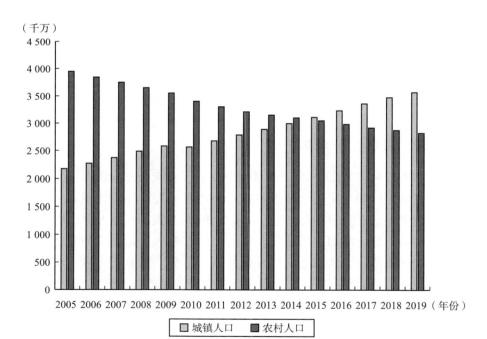

图5-11 安徽城乡人口规模变化趋势（2005~2019年）

资料来源：相应年份安徽统计年鉴和国民经济和社会发展统计公报。

安徽城镇化进程与山西、湖北等地有些较显著区别：第一，安徽乡村人口流向城镇速度较慢，也导致城镇化水平一直偏低。从2005~2019

年近 15 年时间，城镇人口规模从 2 173 万人增加到接近 3 552 万人，年均城乡人口转化 100 万人；从比例来看，同期的城镇化率从 35.5% 增加到 2019 年的 55.81%，年均增长超过 1 个百分点。安徽人口出生率高于山西，人口自然增长率也略高。对于长期人口外向型输出的省份，常住人口大量在外地，也会减缓城镇化率的提高速度。第二，城镇化进程启动滞后，整体发展速度也偏慢。安徽直到 2015 年才实现城镇化率超 50%，已是"十二五"末期和启动"十三五"的时间点。这个节奏在中部已经偏慢。当然，安徽近几年发展强势，经济增长能够快速通过就业扩张拉动人口流动。从省情的过去和现状来看，安徽农业大省属性与河南和江西最接近。客观上，在中部地区，安徽的城镇化演进节奏也确实优于河南。

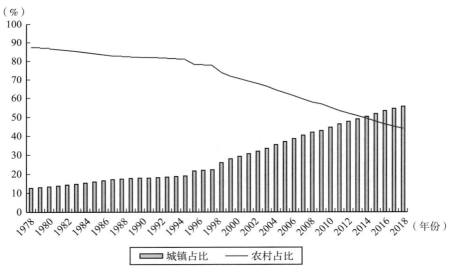

图 5 - 12　安徽城乡人口占比变化趋势（1978～2019 年）

单以城镇化进程中农业人口的比重和规模，不能判定经济和社会发展程度，但可以定性产业类型、就业规模和经济质量。在工业化阶段，农业人口仍是劳动力的蓄水池，直接影响经济体的人口流动强度、人口城乡流动效率等。因此，城镇化进程中城镇化率和城镇化推进速度，能一定程度反映区域经济发展水平和发展潜力。

图 5 - 12 趋势图的坐标起点 1978 年，安徽的城镇人口仅占 12.62%，

城镇化程度极低。在随后的城镇化推进中，安徽人口规模优势将在新型城镇化背景下得到逐渐释放。"城镇化率"相对于动态的就业流动只是一个静态指标；城镇化发展潜力的核心竞争力是人口年龄结构、性别结构和就业结构。目前安徽和湖南等省份，城镇化率仍低于国家平均水平，与原来农业省份的定位有较大关系。快速推进的城镇化过程中，农业人口流动的主要途径是就业的"流动"。在户籍制度和人口管理维度上，农业人口流出乡村后能够有效融入城市，需要时间也需要契机。在这个过程中，时间是一个最好的"自动稳定器"。总之，安徽未来城镇化发展的潜力，来源于其人口发展的优势。从人口结构优化和人口发展潜力维度，安徽的城镇化进程已经临近发展节点。

（六）河南：稳步前进

河南人口规模在全国排名第三，是中部地区的人口第一大省。人口统计数据有两个总量指标，分别是年末常住人口和年末户籍人口。一线城市如北京、上海、广州和深圳等，户籍人口通常少于常住人口；对于经济欠发达的一些城市，常住人口却通常少于户籍人口，这就涉及一个区域的吸附力问题。人口的聚集最终是因为资源，包括就业机会、医疗服务、教育质量等。河南既是人口大省、农业大省和粮食大省，也是劳务输出大省，人口流出的规模和比重都很大。统计数据显示，2019年河南年末户籍人口10 952万人，比上年末增加46万人；常住人口9 640万人，比上年末增加35万人。其中，常住人口城镇化率53.21%，比上年末提高1.50个百分点。

河南近年经济发展态势良好，以往被视为负担的高比例乡村闲置劳动力，正在市场经济中逐渐显示其发展潜力。从人口规模维度，2019年全年出生人口120万人，出生率11.02‰。出生率处于下降通道，但河南的人口基数能够在这个出生率基础上每年新增百万人口，这是河南经济持续发展的坚实人口基础。作为人口规模达到亿级的省份，河南丰富的人力资本和具有纵深弹性的人口结构，是河南稳步前进和持续追赶的人力资源保障。

图5-13将1978~2019年河南城乡人口规模变化情况用双色柱体图形标示。

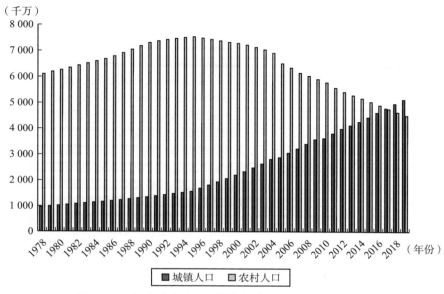

（千万）

图 5 - 13　河南城乡人口规模变化情况（1978～2019 年）

资料来源：相应年份河南统计年鉴和国民经济和社会发展统计公报。

河南是我国的传统农业大省，工业化进程启动相对较晚。河南经济结构与江西、安徽接近，是传统的农业省份，工业基础薄弱，乡村人口规模较大。就农业发展来说，河南也是中部的农业第一大省，量级高出江西、安徽和湖南等区域。农业经济规模和农业人口规模的庞大，客观上增加了人口管理难度和社会问题的复杂程度。河南这样体量的农业大省，城镇化进程必然比其他省份曲折许多。体量远大于山西，工业基础也不如湖北，选择用城镇化率比城镇人口规模更能体现其发展轨迹。根据统计数据对 2005～2019 年河南城乡人口占比变化情况进行立体展示，具体如图 5 - 14 所示。

图 5 - 13 的起点年份是 1978 年。城镇人口与乡村人口相差悬殊，城镇人口大概是 963.2123 万人，占总人口比例不过 13.63%，是中部城乡人口差距最大的省份。由于人口规模较大，河南的城镇化效果呈现难度也高于其他省份。随着我国整体性的城镇化推进，乡村人口利用经济增长过程中大量的就业岗位实现人口转移，河南也在这个契机下迅速推进。但是，相比其他省份，河南的城镇化难度较大、节奏较慢、表现较弱。从时间点比较，"千禧年"之后我国的城镇化建设整体上进入快车道，山西和湖北在 2010～2011 年左右城镇化率达到 50%；但是，河南直到 2017

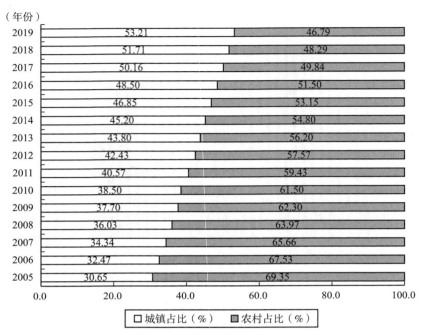

（年份）

图 5 - 14 河南城乡人口比例变化趋势（2005～2019 年）

资料来源:相应年份河南统计年鉴和国民经济和社会发展统计公报。

年才达到 50.16%。2019 年城镇化水平依然只有 53.21%,远落后于国家平均水平。尽管如此,客观上河南的城镇化率已相对落后其他省份,但绝对规模上已将超过 4 000 万人从农村转移到城镇,这是必须肯定的成绩。

河南城镇化发展转型有其历史根源、发展定位和时代机遇等因素。城镇化起点低、人口规模大、人流通道有限等,都是客观事实,但并非是前期城镇化难以提速的核心。回顾过去社会治理过程中的一些做法,尤其以户籍制度、流动人口管理方式等,这些因素对于河南这种较大体量农业人口的省份,约束机制强于竞争机制,类似于乘数效应和链式反应。这是河南城镇化进程推进阻力较大的重要因素。河南在 20 世纪 90 年代就有超过 7 000 万的乡村人口,巨大存量迅速流入城镇不现实,短期也无法创造出足够就业岗位进行吸收和消化。但是,这种前期劣势正在逐渐转化为发展优势。当其他省份开始进入人口结构调整期,尤其是老龄化和深度老龄化所带来的劳动人口规模下降,存量人口已经成为城市竞争的重要对象。河南的人口蓄水池已经成为区域发展的缓释器和节拍器,未来河南的城镇化进程将具有更多的选择。

河南在下一阶段城镇化进程中具有的最大优势，是基于人口结构优势和人口规模优势所衍生的持续推进潜力。选择城乡人口分布维度复盘河南的城镇化节奏，人口出生率是一个很好的参考变量。河南虽然人口体量巨大，人口自然增长率和人口出生率依然长期高于城镇化程度更高的湖北和山西等省份。河南每年超过百万的新增人口，有利于人口性别结构、年龄结构等方面优化。无论对于中部地区还是全国的发展都极其重要，城乡结构问题在此语境下反而不再重要。

二、分化：农民工流动

城镇化虽然本质是生产力驱动的资源重新配置，但具体表现上，乡村人口转化为城镇人口是主要内容。我国的就业格局决定了乡村人口转移主要以农民工流动为载体实现。我国人口户籍管理、土地产权性质等与西方国家不同，类似差异导致我国人口流动的模式、性质和动力都与西方不同。

我国工业化进程整体启动晚，城镇化水平也长期偏低，2019 年全国城镇化率刚刚超过 60%，达到人口城镇化率 60.6%，但是户籍人口城镇化率仅为 44.38%。户籍人口城镇化和常住人口城镇化的差额巨大，这也从侧面反映出我国的城镇化进程中仍存在许多资源匹配和功能匹配方面的问题。现阶段我国人口流动中，城际与城镇流动比例低，乡村流向城镇占主体，即通常被称为"农民工"的群体，绝大部分难以获得就业地户籍，或者需要较长时间入籍。在统计标准中，"农民工"通常指户籍仍在农村，在本地从事非农产业或外出从业 6 个月及以上的劳动者。他们是我国经济快速增长过程中做出巨大贡献的劳动者，但在成果分享中却获得不多。农民工群体构成我国人口流动主体，其规模、趋势和就业动态等，直接反映地区经济发展景气指数等。国家统计局自 2008 年开始，在农民工输出地和输入地持续开展监测和统计工作，逐渐建立和完善农民工监测调查制度。近年来，我国农民工发展呈现出以下特点。

（一）本地化趋势渐强

随着我国经济发展逐渐降速到了"新常态"，区域经济开始出现新趋势，我国农民工的流动趋势也随之发生变化。国家统计局在《2019 年国民经济和社会发展统计公报》数据显示，全国农民工①总量 29 077 万人，比上年增长 0.8%。其中，外出农民工 17 425 万人，增长 0.9%；本地农民工 11 652 万人，增长 0.7%。2019 年情况相比过去几年最大的不同，是从递减的趋势中回调，但不能确定是低点反弹还是震荡后继续下行。我国近年来农民工流动趋势如图 5 – 15 所示。全国范围内农民工总量在增加，但是增速总体趋势处于下降。

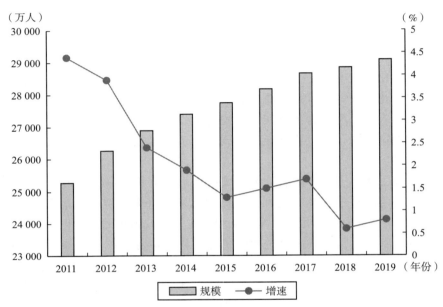

图 5 – 15　全国范围内农民工总量及增速（2011 ~ 2019 年）

资料来源：相应年份中国统计年鉴、相应省份统计年鉴和统计公报，其中部分数据来自 EPS，课题组在此基础上对相关数据进行了整理。

2019 年农民工统计数据的两个核心指标"外出农民工"和"本地农民工"总量仍在增加，但增速已经降低，收缩倾向显著。我们观察到，外出农民工的规模和增速，2019 年仍超过本地农民工。这个维度在过去 2 ~ 3 年有反复，一方面是东南沿海地区的吸附力和中西部地区发展之间的博弈；另一方面起码从 2019 年的数据看来，农民工选择外出的比例和规模仍占优势。与此同时，在规模上，本地农民工的规模也在增加，而且增速是正值。

①　年度农民工数量包括年内在本乡镇以外从业 6 个月及以上的外出农民工和在本乡镇内从事非农产业 6 个月及以上的本地农民工。

我们仍在享受人口红利，我们的经济增长仍依赖农民工的辛苦付出。

图 5－15 中 2016 年和 2017 年保持增长，2018 年跌破支撑；2019 年虽有反弹，但从图形来看，有继续下跌的趋势。目前农民工整体的规模增长乏力，已在下降通道。必须承认，我国现阶段人口发展现实已难以长期维持农民工群体的增长。我国当前正面临经济增长方式的调整，人口发展处于结构失衡后努力转化和平衡的关键期，老龄化构成重大挑战。在年龄结构、性别结构失衡背景下，人口出生率下降叠加劳动力供给增速下降，我国农民工供给规模和供给速度开始调整。如前面所述，现阶段我国农民工供给虽然规模仍在增加，但增速已下降，预计未来几年将可能进入负增长区间。

驱动农民工流动的动力是就业需求。没有匹配劳动供给和劳动需求的人口流动，对城镇化推进没有持续性推力。有些省份在城镇化过程中机械粗暴，强行推进"上楼""合村""并居"等形式，达到土地归集、户籍转换、生活方式改变等目标。这种城镇化模式显然不符合客观实际，甚至可能引发很多群体矛盾，已偏离我国城镇化发展的战略目标。考察农民工流动，无论从区域层面还是全国层面，就业岗位的动态变化是农民工流动的风向标，"新增就业人员"是反映就业形势的重要指标。以人口最多的中部省份河南为例，每年新增就业人员规模中部最多，同时也是重要的劳动力市场风向观察点，图 5－16 是河南近年的新增就业人口趋势图。

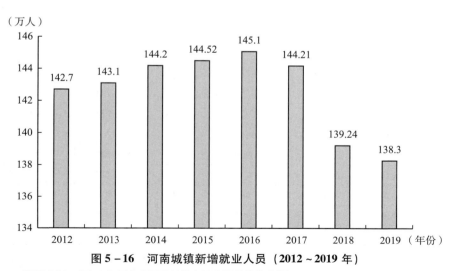

图 5－16　河南城镇新增就业人员（2012～2019 年）

资料来源：《2019 年河南省国民经济和社会发展统计公报》。

近两年河南新增就业的规模下降较多，2019 年还比 2012 年减少近 5 万人。前面提到本地农民工和外出农民工近年的规模差距，本质都是指向农民工本地化趋势强弱变化。综合来看，农民工依然大规模聚居在长三角、珠三角和京津冀，但其增长趋势和聚集趋势开始变缓；部分农民工选择附近省份、本省、本市等地理距离相对较短的区域，本地化的趋势逐渐形成并开始显现。

（二）区域性特征突出

我国非平衡发展的模式是形成梯度格局的重要原因，但各大区域和各省自身的资源禀赋也是核心基础。在经济增长过程中，各地区理所当然因为发展阶段和发展方式的差异呈现出就业形势的差异。以就业为例，宏观国家视角下的农民工流动，直观反映人口规模的就业趋向；区域中观视角看农民工流动，是区域经济发展潜力和就业吸引力。农民工流动存在供给和需求，是劳动力市场的部分出口和入口，存在于各个地区。为了更好厘清人口流出和人口流入地区的强弱变化，更加客观判断人口流动趋势与人口流动激励，沿用国家统计局划分方法，将全国省份划为东北地区、中部地区、西部地区和东部地区，归纳农民工流入流出情况。中部地区由中部六省江西、安徽、湖南、湖北、山西和河南构成，如表 5-1 所示。

表 5-1　　农民工输入地和输出地空间分布统计（2015~2019 年）

地区	2015 年	2016 年	2017 年	2018 年	2019 年
按输出地分（单位：万人）					
东部地区	10 300	10 400	10 430	10 476	10 456
中部地区	9 174	9 279	9 450	9 520	9 582
西部地区	7 378	7 563	7 814	7 793	7 786
东北地区	895	929	958	976	993
按输入地分（单位：万人）					
东部地区	16 008	15 960	15 993	16 120	16 212
中部地区	5 599	5 746	5 912	6 122	6 210
西部地区	5 209	5 484	5 754	5 936	6 130
东北地区	859	904	914	910	918
其他地区	72	77	79	76	79

资料来源：数据来源于统计年鉴和统计公报，其中部分数据来源于 EPS 和 CNKI 的数据库，本表由课题组归纳整理。同一指标在不同数据来源存在不一致，数据可能有细小出入，但不影响分析结论。

表 5 - 1 主要集中在 2015 ~ 2019 年几个重要区域的农民工流动情况，聚集输入地和输出地两个维度的总量规模变化。将相应的总量信息处理形成环比信息，形成表 5 - 2，方便从相对和绝对两个维度比较相应年份东部地区、中部地区、西部地区和东北地区的农民工输出与输入情况。

表 5 - 2　　　农民工输入地和输出地增长统计（2018 ~ 2019 年）

地区	2018 年		2019 年	
	增量（万人）	增速（%）	增量（万人）	增速（%）
按输出地分				
东部地区	46	0.44	- 20	- 0.19
中部地区	70	0.74	62	0.65
西部地区	- 21	- 0.27	- 7	- 0.09
东北地区	18	1.88	17	1.74
按输入地分				
东部地区	127	0.79	92	0.57
中部地区	210	3.55	88	1.44
西部地区	182	3.16	194	3.27
东北地区	- 4	- 0.44	8	0.88
其他地区	- 3	- 3.80	3	3.95

资料来源：数据来源于统计年鉴和统计公报，其中部分数据来源于 EPS 和 CNKI 的数据库，本表由课题组归纳整理。同一指标在不同数据来源存在不一致，数据可能有细小出入，但不影响分析结论。

综合表 5 - 1 和表 5 - 2 的信息，我国东部、中部、西部和东北地区近年农民工流动信息有几个鲜明的特征。

从 2015 ~ 2019 年农民工输出和输入两端看，其一，东部地区的流动规模超过其他地区，而且是以较大体量的超越。东部地区的聚集区域主要是东部沿海发达地区，是我国当前经济增长热点区域，具有"虹吸"其他地区的能力。近年各区域都呈现出较好的发展态势，东部地区的虹吸能力相比过去有所减弱。从农民工输出端统计，2018 年和 2019 年东部地区输出规模总体稳定，有增有减，2018 年输出是增长 0.44%，输入是 0.79%，输入增速略高。2019 年输出端轻微负增，不影响总体规模。相比过去而言，东部地区对农民工的吸引力已略有下降；与此相对应的是西部地区和中部地区的集聚效应增强。

其二，中西部劳动力流动趋强。虽然劳动力流动的规模上，中西部还不能与东部相提并论。但从发展轨迹看，近年中西部的输出和输入都开始增强。统计数据显示，2015～2019年，中部地区和西部地区农民工流动都在持续扩张，其中最强势的区域是中部地区。包括输出规模和输入规模。2019年劳动力流动性最强的东部地区，输出端是负增长；中部地区在两端仍保持旺盛活力。蓬勃的农民工流动是就业活力的体现。对于中部来说，输出农民工选择在省内和周边城市的比重较高。当然，对于中部地区和西部地区而言，就业吸附力和就业机会显然无法和东部地区相比。这个变化的意义在于，中部地区和西部地区吸收劳动力能力在不断加强。另外，表5-2中东北地区和其他地区的输入增长都是负值，这体现了该地区农民工吸纳能力的下降。

其三，东北地区劳动力持续净输出。东北地区较早进入工业化，具有相对较高的城镇化水平，是我国重要的工业基地，也是国有企业的密集区。20世纪90年代末的国企改革对东北地区经济冲击很大。经济增长的不理想，直接导致东北地区的就业问题长期存在。这是东北在过去20年人口大量流失，人口出生率也不断走低的重要原因。东北地区就业的下降和东部地区就业机会的增加，形成一种动态的劳动力流动，无疑也是一种劳动力资源的帕累托改进。2016～2017年东北的劳动力输出一度与输入平衡，但2018～2019年的数据显示，其劳动力净输出的程度在加深。

从总量维度分析，东北地区2015年、2016年、2017年流出农民工和流入农民工基本围绕中值900万人上下调整；2019年已经踏入千万级规模。东北地区人口持续流出后，也有相应的回流需求。但是目前来看，回流并未得到很好的消化，或者说，近两年东北地区的农民工消化能力减弱，持续流出规模在不断扩大。东北地区吸收的外地农民工，或者说农民工的就业本地化，尤其是近省、近市与近乡镇，客观上基于技术等因素的交流，能够促进区域间的协同发展。2019年东北地区输出农民工993万人，比上年增加17万人，增长1.74%；同年东北地区吸收务工农民工918万人，比上年增加8万人，增长0.88%。吸收和输出的净差额为75万人。这个规模相对于农民工整体而言量级很小，但反映出2019年东北地区农民工流动的趋势。总之，东北地区的农民工流动性质和趋势与中部地区、西部地区显然不同，中西部地区有较强的互动效应，更倾向于吸收东部地区资源；东北地区的单向输出倾向更显著，且很大可能仍将延续这种净输出趋势。

（三）外出驱动力减弱

我国整体经济增长已进入"新常态"，在"L"形增速背景下，中西部地区近年经济增长较快。作为重要劳务输出区域的中部，农民工外出的驱动力减弱，尤其是省外慢慢转向省内。虽然外出农民工规模仍在增加，但增速开始下降。本地农民工规模在增加，但增速也不可避免地出现震荡。

计划经济体制下的人口流动规模小；改革开放后，承接国外资本在东部沿海建立的大量工厂，吸收了从农村转移的劳动力，他们逐渐成为沿海地区工业化和城镇化的支撑。这些"离土"又"离乡"的人是大面积大规模农民工的早期代表。长三角、珠三角地区吸收发达地区的外资、技术和设备的同时，是利用"就业"吸纳和消化来自全国各地的劳动力。从区域发展的角度分析，"离土"和"离乡"以农民工户籍为划类标准，以此界定本地农民工和外出农民工。根据国家统计局的数据显示，2019年农民工总量达到 29 077 万人，比上年增加 241 万人，增长 0.8%，增速比上年提高 0.2 个百分点，但整体发展趋势处于收缩之中。在农民工总量中，外出农民工 17 425 万人，比上年增加 159 万人，增长 0.9%，增速较上年提高 0.4 个百分点；本地农民工 11 652 万人，比上年增加 82 万人，增长 0.7%，增速和规模都弱于外出农民工。

结合历史数据来看，外出农民工和本地农民工的绝对规模仍然在增加，但增速下降趋势已经确立。就外出农民工和本地农民工的占比情况来看，基本格局稳定，但本地农民工占比在缓慢上升，具体可以从表 5 - 3 和表 5 - 4 中对比。图 5 - 17 和图 5 - 18 是根据表格部分信息进行绘制，目的是更加直观地看到外出农民工和本地农民工在 2011 ~ 2019 年的动态变化。

表 5 - 3　　外出农民工规模、增速与占比变化（2011 ~ 2019 年）

项目	2011 年	2012 年	2013 年	2014 年	2015 年	2016 年	2017 年	2018 年	2019 年
外出农民工（万人）	15 863	16 336	16 610	16 821	16 884	16 934	17 185	17 266	17 425

续表

项目	2011 年	2012 年	2013 年	2014 年	2015 年	2016 年	2017 年	2018 年	2019 年
增速（%）	5.9	3	1.7	1.3	0.4	0.3	1.5	0.5	0.9
外出农民工占比（%）	62.75	62.21	61.76	61.40	60.85	60.11	59.98	59.88	59.93

资料来源：相应年份中国统计年鉴和农民工监测调查报告。

外出农民工增速虽偶有反复，但总体上呈回落趋势，外出农民工占比的下降较为明显。与增速不同，占比主要来源于农民工整体在外出和本地的空间选择差异，这说明农民工"离乡"就业的比重将到拐点。将农民工流动置于我国人口年龄结构演化趋势中，老龄化是农民工规模必然趋减的直接原因。区域经济发展强化劳动力需求竞争，我国大中小城市先后出台"人口竞争""人才竞争"政策，既是对劳动力发展认识的深化，也是经济发展对人口均衡问题的反思。

表 5-4　　本地农民工规模、增速与占比变化（2011～2019 年）

项目	2011 年	2012 年	2013 年	2014 年	2015 年	2016 年	2017 年	2018 年	2019 年
本地农民工（万人）	9 415	9 925	10 284	10 574	10 863	11 237	11 467	11 570	11 652
增速（%）	5.9	5.4	3.6	2.8	2.7	3.4	1.7	0.9	0.7
本地农民工占比（%）	37.25	37.79	38.24	38.60	39.15	39.89	40.02	40.12	40.07

资料来源：相应年份中国统计年鉴和农民工监测调查报告。

外出农民工和本地农民工构成全国农民工的整体。农民工的环比增速目前为止尚未出现负值，这也是当前我国农民工规模仍在扩大的特征。虽然环比的数据差异较小，但对比 2011 年左右数据，外出和本地农民工增速下降很多。

图 5-17 以柱状图表示外出农民工占比变化，以折线表示增长率的变化，通过组合图形式表示外出农民工近年的变化趋势。

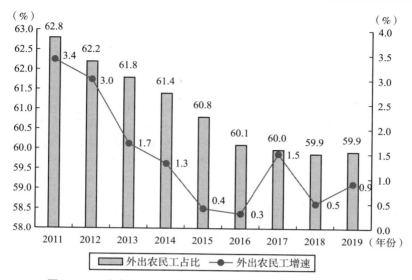

图 5 – 17　外出农民工占比及增速变化趋势（2011～2019 年）

资料来源：相应年份中国统计年鉴和农民工监测调查报告。

图 5 – 18 以柱状图表示本地农民工规模变化，以折线表示本地农民工增长率变化，通过组合图形式表示本地农民工近年综合变化趋势。

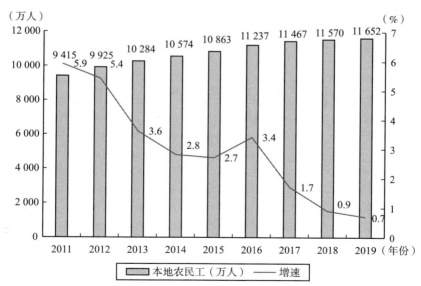

图 5 – 18　本地农民工规模及增速变化趋势（2011～2019 年）

资料来源：相应年份中国统计年鉴和农民工监测调查报告。

在农民工定义和"外出"标准的统计基础上,单纯以外出农民工考察本地化就业和外出流动性就业,不可避免具有狭隘性。因此,细化农民工流动范围再进行比较成为必要。首先对农民工来源划分区域,考察农民工流动空间,比较外出农民工在省内和省外的分布,进一步细化各区域农民工流动和就业的趋势。表5-5统计归纳了东部、中部、西部和东北地区农民工跨省流动与省内流动的基本情况;在表5-5的基础上,将绝对数据转换成百分比,形成绝对规模与相对规模比较。数据详细如表5-5和表5-6所示。

表5-5　　　外出农民工区域流动分布情况(2018~2019年)

合计及各地区	外出农民工规模(万人)		跨省流动(万人)		省内流动(万人)	
	2018年	2019年	2018年	2019年	2018年	2019年
合计	17 266	17 425	7 114	7 141	10 152	10 284
东部地区	4 857	4 914	913	889	3 944	4 025
中部地区	6 314	6 352	3 980	4 060	2 334	2 292
西部地区	5 422	5 453	2 718	2 854	2 704	2 599
东北地区	673	706	154	147	519	559

资料来源:数据主要来源于各省相应年份统计年鉴、统计公报和农民工流动监测数据;部分数据来源于EPS和CNKI数据库。部分统计指标由于来源不同存在误差,课题组进行了后期的加工处理,可能造成轻微出入。但是,数据的细小出入不影响分析结论。

表5-6　　　外出农民工流动分布区域占比变化(2018~2019年)　　　单位:%

总体及各地区	跨省流动		省内流动	
	2018年	2019年	2018年	2019年
总体	41.20	40.98	58.80	59.02
东部地区	18.80	18.10	81.20	81.90
中部地区	63.03	63.91	36.97	36.09
西部地区	50.12	52.33	49.88	47.67
东北地区	22.84	20.89	77.16	79.11

资料来源:数据主要来源于各省相应年份统计年鉴、统计公报和农民工流动监测数据;部分数据来源于EPS和CNKI数据库。部分统计指标由于来源不同存在误差,课题组进行了后期的加工处理,可能造成轻微出入。但是,数据的细小出入不影响分析结论。

表 5 – 5 和表 5 – 6 的数据变化情况，体现了当前阶段外出农民工的若干重要特征，具体如下：

其一，跨省流动农民工规模稳定。2018 年和 2019 年的外出农民工增速不到一个百分点，但总体规模达到 159 万人。其中，2019 年跨省流动农民工 7 141 万人，相比往年数据规模有较大收缩。综合近年数据来看，跨省流动的农民工规模已接近发展的临界点。从跨省农民工的总体占比变化可以发现，全国层面和地区层面都呈现出不同程度下降。跨省流动农民工占总体外出农民工从 2016 年的 45.3% 下降至 2019 年的 40.98%。

其二，中西部农民工跨省流动比例高。表 5 – 6 中显示，中部地区的农民工跨省流动比例最高，2019 年达到 63.91%，接近东北地区跨省流动占比的 3 倍。这个占比并不是一个空洞的比值，因为中部地区是我国外出农民工规模最大的地区。这个占比意味着中部地区有 4 000 农民工跨省就业。西部跨省就业的农民工比值仅次于中部，2019 年达到 52.33%。中部地区和西部地区虽有人口规模优势，但限于当前人口年龄结构等因素，外出农民工供给上限已经接近，未来农民工主要以跨省和省内的存量竞争为主。

其三，农民工省内流动比例趋增。所有的外出农民工是一个整体，那么跨省流动比例下降，也就意味着省内流动比例增加。以东部地区为例，2019 年跨省流动的农民工占比 18.10%，2018 年为 18.80%，下降了 0.7 个百分点；与此对应东部地区省内流动农民工从 2018 年的 81.20% 上升到 2019 年的 81.90%。西部地区和中部地区近两年跨省和省内流动的外出农民工规模和比例整体稳定。但是，从发展趋势来看，外出农民工从跨省就业偏好逐渐转换成省内流动的就业偏好。这是乡土情结的因素，但最重要的仍是中西部地区近年经济发展所形成的区域竞争力在提升，生产力发展带动了的区域产业发展，催生和提供了更多的就业岗位，使以往跨省输出的农民工逐渐转向省内就业。不过，目前来看，省内流动的外出农民工绝对规模和占比都尚待加强。

城镇化发展到今天，已经处于新的转折点。"新型"城镇化有许多新的要求和特征，以往大半径迁徙有了就地城镇化的选择，也有就近就业、就近发展的城市化方案。本质上，这是以往非平衡式发展模式的延续，是另一种"非平衡"。从传统热点城市的"极化效应"和"虹吸效应"出发，慢慢转化为"溢出效应"和"涓滴效应"反哺周边城市，推动中小城市、城镇为乡村劳动力提供就业和沉淀。中西部地区近年发展正在提速，主要体现在经济发展、社会发展等方面，本省、本市能够提供更多就业机会。

中部地区向外大量输出劳动力的情况短期无法改变。随着人口年龄结构变化，中部地区的人口发展模式也将改变。我国的低生育率情况无法在短期解决，中部地区得益于人口的规模优势，人口均衡发展的问题会被延迟但无法避免。因此，中部无法维持持续的人口输出，外出劳动力供给必然下降。下降过程将会具体表现在外出农民工跨省流动规模稳定后下降，跨省流动的比例下降，同时省内的外出农民工规模增加，这是区域经济发展和人口结构调整的必然结果。

三、扩张：城市群崛起

随经济发展而来的，是区域发展的规模、层次和量级扩张。我国早期以镇、县、市为代表的非农村区域，现在演化成城市群和城市的概念。作为一个地区的"极"，城市规模也在不断扩大。其中，省会通常是一个省资源最集中的城市。拥有"双子星"的省份，广东、福建、江苏等，都是经济发展到较高阶段的代表。城市群的扩张是经济和社会发展的必然，"省会"作为一省城市的代表，具有更丰富的研究价值。

（一）省会人口规模

经济增长必然要以空间为依托，城市无疑是社会和经济发展的必然形态。虽然互联网兴起后，业态演进日新月异，电商崛起让传统"空间"地位衰落，"网络空间"走上舞台。虽然如此，现代社会区域竞争的根基，其核心仍然围绕"城市"构建和扩张。核心城市是区域经济增长极，是具有辐射周边地区的热点，承担着区域经济发展的资源集聚、联通协同和信息交换功能。

城市发展指标众多，经济规模是一个广泛且直接的体量指标。城市空间越大、人口越多、辖区越多，其体量自然更大。因此，单纯以体量衡量存在缺陷。虽然如此，以人口规模考察城市，可以体现一个城市的发展层级。当前我国的千万级人口城市，北京、上海、广州、深圳等，都是我国区域经济发展的代表性城市。而且，省会通常是该省城市代表，其体量反映出该城市在省域视野下的辐射力、集聚力和向心力等。

表5-7是2009～2019年中部六省省会城市年末常住人口的信息汇总。部分研究对省会城市数据采用市区和市辖区两个分类。近年来城市

不断扩容，增加了以"区"的形式纳入城市的县。这种做法一方面缓解了城市发展过程中"土地"空间不足的约束；另一方面也扩大了城市的经济体量和人口体量。本研究采用统计公报和统计年鉴的"年末常住人口"指标，并不区分市辖区和市的概念。

表 5 – 7　　　　中部六省省会城市年末人口（2008～2019 年）　　　单位：万人

城市	2009 年	2010 年	2011 年	2012 年	2013 年	2014 年	2015 年	2016 年	2017 年	2018 年	2019 年
太原市	350.2	420.5	423.5	425.6	427.8	429.9	431.9	434.4	438.0	442.2	446.2
合肥市	510.0	570.0	752.1	757.0	761.0	770.0	779.0	787.0	796.5	808.7	818.9
南昌市	464.9	504.3	508.9	513.2	518.4	524.0	530.3	537.1	546.4	554.6	560.1
郑州市	752.0	866.0	886.0	903.0	919.0	938.0	957.0	972.0	988.0	1 014.0	1 035.2
武汉市	910.0	978.5	1 002.0	1 012.0	1 022.0	1 033.8	1 060.8	1 076.6	1 089.3	1 108.1	1 121.2
长沙市	664.2	704.1	709.1	714.7	722.1	731.2	743.2	764.5	791.8	815.8	839.5

资料来源：表内数据来自国家统计局，并由 EPS DATA 整理。

　　从表 5 – 7 中可以发现，中部六省省会的人口规模差异较大，同时，在实现人口聚集的能力上也有区别。先从城市的规模差异分析，2019 年中部最大城市是武汉。有些统计数据显示 2010 年前后，郑州人口远高于武汉。这个情况与当前数据并不冲突，只是统计口径选择市区和辖区的时候存在出入。以表 5 – 7 数据为准，武汉一直是中部最大城市，人口规模超过千万；同时郑州也在快速发展，2018 年迈入千万级人口城市，2019 年常住人口达到 1 035.2 万人，不断拉近与武汉的规模。中部地区省会人口规模最小的城市是太原，近 10 年人口一直保持在 420 万～450 万人，人口规模的稳定既是人口增长的停滞，也是城市吸收人口能力的衰退。合肥是人口规模变化很大的一个城市，10 年间人口从 510 万人增加到 818.9 万人，这也是合肥房价这几年快速增长的支撑依据。综合六个省会城市，我们发现除太原之外五个省会，都具有显著人口流入，主要差别在于人口流入的规模、比例和速度。

（二）城市人口聚集

　　表 5 – 8 将 2009～2019 年中部省会人口与全省人口占比数据进行归纳，展示 10 年间各省会城市人口的聚集度变化情况。单纯从城镇化进程来看，河南城镇化率在中部最低，湖北城镇化率最高；如果把研究对象

聚焦在省会，郑州人口占河南全省人口规模从 2009 年 7.93% 上升到 2019 年的 10.94%。省会的人口聚集程度增加了大概 3 个百分点。

表 5-8　　中部省会城市人口占全省人口比重（2009~2019 年）　　单位：%

城市	2009 年	2010 年	2011 年	2012 年	2013 年	2014 年	2015 年	2016 年	2017 年	2018 年	2019 年
太原	10.22	11.77	11.79	11.79	11.78	11.78	11.79	11.80	11.83	11.89	11.96
合肥	8.32	9.57	12.60	12.64	12.62	12.66	12.70	12.70	12.73	12.79	12.86
南昌	10.49	11.30	11.34	11.39	11.46	11.54	11.61	11.70	11.82	11.93	12.00
郑州	7.93	9.21	9.44	9.60	9.72	9.94	10.09	10.20	10.34	10.56	10.94
武汉	15.91	17.08	17.40	17.51	17.62	17.78	18.13	18.29	18.46	18.73	18.92
长沙	10.37	10.72	10.75	10.76	10.79	10.85	10.96	11.21	11.54	11.82	12.13

资料来源：表内数据来自国家统计局，并由 EPS DATA 整理。

虽然纵向维度，郑州的聚集程度在提高，但横向维度，仍是中部地区人口聚集力最弱的省会。河南是常住人口接近 1 亿人的省份，随着城镇化的加速，社会公共服务能力提升，河南或者培育出"双子星"模式的核心城市，或者继续提升郑州的人口聚集能力。当然，郑州无疑拥有强大发展潜力与美妙发展前景。

表 5-8 也进一步确认前面对安徽 2019 年经济增长所伴随的人口聚集提升事实。表 5-8 中合肥的省会人口占比提升幅度最大。2009 年合肥人口只占全省 8.32%，到了 2019 年这个比值提升到 12.86%，累积提升了 4.54 个百分点，是同期中部人口聚集效率最高的城市。

中部城市中合肥 2019 年人口占比提升最快，郑州人口占比最低，这些省会都有鲜明的人口发展特点。中部最大的城市武汉，无疑是其他城市赶超的对象。武汉的文化、经济和政治地位自新中国成立前就已确立，新中国成立后直到今天仍是中部地区最具竞争力的城市。武汉近 10 年人口都保持在千万级，2009 年武汉人口占湖北人口总数的 15.91%，是我国国家中心城市之一；2019 年武汉人口占全省人口比重达到 18.92%，是名副其实的"大武汉"，是中部人口聚集度最高的城市。以省会人口在全省人口占比指标进行排序，中部地区其他五个省会城市的人口占比都超过 10%。其中合肥、南昌和长沙比较接近，都在 12% 左右。从动态和均值的视角看，合肥、长沙等城市人口聚集仍在不断提升。

山西城镇化程度高，省会太原具有较好的发展起点。2009 年太原人口占山西人口总数的 10.22%，2019 年提升到 11.96%。这个变化情况和人口规模变化类似，保守而稳定。太原发展动力的局限性显而易见：首先是太原城市偏小，10 多年来城市人口规模仍未突破 450 万人。人口规模下自然难以形成规模优势，无论是投资吸引力或是商业竞争力，这都将成为山西持续发展的硬约束。其次，太原作为山西的省会，人口发展的母体是山西省。事实上近年山西的人口持续流出，自身人口出生率屡创新低，人口结构失衡加剧。城市不能创造更多更好的就业岗位，就无法持续形成对人口的吸附力，城市的各项配套功能也趋于弱化。经济增长、就业机会、市政功能和人口密度等，彼此是一个互动的生态系统。显然，太原对外地人口的吸附作用有限，城镇化进一步发展并与经济增长形成"双引擎"的难度很大。作为对比，郑州、长沙、合肥等城市以就业为核心，积极推进城市发展、经济增长和就业增长实现人口聚集，对于乡村人口进入城镇并逐渐融入至关重要。

（三）城市到城市群

省会通常是省内资源最集中的城市，基于资源优势驱动人口聚集程度也最高。但是，从全国层面来看，东部沿海地区"双子城"式发展模式与此不同。中部六省资源最集中、人口最密集和信息最充分的城市是省会，这种模式决定了中部尚未形成长三角、珠三角或京津冀"多点成群"式推进城市群发展的基础和实力。

单点式模式的本质是通过增长极或热点，辐射影响和产业链带动周边城市发展。中部六省"增长极"都是省会。通常省会是规划的中心节点，省会城市与周边城市形成以省会为中心、周边小城市为卫星城的小城市群。城市群以产业和就业等为连接纽带。城市群、泛城市群和城市经济圈的演化，单纯靠行政规划推动难以实现预期；深层次区域经济依赖产业分工和经济协作，产业链的协同发展才能推动城市群的有机性、系统性和内生性。

城市和乡村的互动发展是空间资源在经济社会发展中的定位与再定位，也是社会资源的重新配置。城镇通常具有更集中的资源，分配效率也更高，因此城镇对乡村具有辐射功能；省会是省内资源集聚度最高的城市，集中了政治、经济、教育、医疗等多种资源，这在计划经济时代就已确立。我国东部沿海发达省份，"双子星"式省内城市发展模式，大都激活并成长于市场经济时代。如广东的广州和深圳、福建的福州和厦门、山东的济南和青岛、江苏的南京和苏州等。其中，"双子星"城市分别承担着本省经济中心和政治中心重任。目前观点认为，"双子星"或"双子城"发展模式，对于本省可持续发展具有内部竞争的相互促进、相互激励作用，一定程度上缓解了资源高度集聚后形成的溢出效应。同时，对于本省其他城镇和乡村也有积极的辐射与引领作用。现阶段中部地区未能形成足以挑战省会的地级市。显然，中部地区的城市和城市群发展模式相对保守和落后。

从中部城市群近年规划与实践发展分析，以武汉为核心的武汉城市群、以郑州为核心的郑州城市群、以合肥为核心的合肥都市圈等，已生成较强资源聚集能力。武汉和郑州目前优势在于，首先已拥有较大规模的存量人口，同时具有省内人口优势和省会资源梯度优势；其次，武汉和郑州的地理区位和交通优势，在中部地区远超其他城市。郑州和武汉都具有优越的交通优势，是多条高铁干线的中枢，这是物流无法绕开的节点。湘江中下游长沙、株洲、湘潭构建的"长株潭"城市群，江西若干城市为核心的环鄱阳湖城市群等，也正在积极成长之中，目前逐渐形成了资源集聚核心。

城市群发展来自经济驱动。政策驱动和政策激励是激发经济驱动的加速器。武汉城市圈、"环长株潭"城市群、环鄱阳湖城市群等特大型城市群，再完美的构思和规划也不能离开就业、产业和人口的协调运转。城市群发展是城镇化、城市和大区域发展的更高阶段，也是中部崛起最终要走向的道路。从这个意义上说，长江中游城市群建设将是探索我国城市群和新型城镇化发展的新路径和新模式。

第三部分
专题篇：
"抗疫" 与人口发展

　　中部地区的人口均衡发展对我国的人口发展趋势、劳动力聚集趋势以及城市发展方式等具有重要影响。本部分分成两块内容，分别为省会人口发展问题研究和全球抗疫背景下区域发展问题研究。第一部分是选择中部六个省会城市为大背景，重点挖掘南昌作为江西省会的发展现状、问题和发展思路，并提出若干针对性对策与建议；第二部分以当前全球疫情冲击为背景，分析我国和江西在全球抗疫背景下的经济发展、人口发展和区域发展等问题。在宏观、中观和微观视角下提出城市发展的困难，也对此提出思考和建议。

第六章

中部崛起：省会城市现状、问题 与南昌发展对策

一、引言

习总书记 2019 年视察江西时强调，"中部地区崛起对实现全面建成小康社会奋斗目标、开启我国社会主义现代化建设新征程具有十分重要的意义"，江西要"努力在加快革命老区高质量发展上作示范、在推动中部地区崛起上勇争先，描绘好新时代江西改革发展新画卷"。①

省会聚集本省经济、政治、文化等资源，是本省发展阶段和发展水平的浓缩与象征。"双子城"是广东、江苏、福建等先发地区重要特征，即存在两个分别有行政与经济优势的城市，如广州与深圳、南京与苏州、福州与厦门等。中部地区目前尚无省份踏入此境。本章研究基于两个认同：第一，强省需要强市，"双子城"模式江西暂无基础但有潜力；第二，契机稍纵即逝，南昌要在中部崛起中争先进位，否则难以打破低水平均衡。

二、中部省会发展：经济人口维度现状比较

首位度衡量城市间动态发展差异已被广泛接受。人口规模和经济规模的城市间比较，是时间序列下横向维度的定位和对标，具有简洁的参考价值。

（一）经济首位度

当前我国宏观经济正处于转型期，"L"形趋势对产业发展形成压力。中部地区增长高于全国平均水平，既夯实发展基础也彰显战略价值，具

---

① 《习近平在江西考察并主持召开推动中部地区崛起工作座谈会》，央视网。

有重要意义。六省省会利用地缘优势、产业优势和资源优势等，发挥着巨大牵引力。表6-1对中部省会城市经济首位度近10年变化情况进行了统计。

表6-1 中部省会经济首位度比较（2008~2018年）

指标	武汉	长沙	郑州	合肥	南昌	太原
GDP（亿元）	14 847.29	11 003.41	10 143.30	7 822.91	5 274.67	3 884.48
GDP首位度（2018）	0.38	0.30	0.21	0.26	0.24	0.23
GDP首位度（2008）	0.35	0.26	0.17	0.19	0.24	0.20
10年首位度变化	2.76%	4.24%	4.44%	7.26%	0.18%	3.03%

资料来源：根据相应年份中国统计年鉴数据整理。

虽然首位度不能盲目过高与过低，但正常情况下，省会经济首位度体现省会城市在区域与产业等维度的辐射力与集聚力。表6-1中经济集聚力最强的是武汉，南昌略优于郑州与太原；回望2008年，武汉还是中部最具竞争力省会，南昌则略低于长沙，远超郑州、合肥和太原。在2008~2018年的动态发展过程中，南昌在中部省会首位度呈下降趋势。此外，全国同期大部分省会经济首位度在提升，下降生活只有两个，一个是沈阳，下降了3.39%；另外一个是石家庄，下降0.84%。

（二）人口首位度

经济发展离不开人口，城市发展更加依赖人口流动。"人口"过去被视为城市发展负担，今天已成为城市竞争核心基础，既体现现代区域竞争的激烈，也凸显发展规律认识的深化。

人口首位度是衡量人口资源集聚效率和程度的参考。武汉是中部地区竞争力最强城市，人口首位度和经济首位度都居首位，未来也仍长期保持。合肥人口首位度与经济首位度攀升较快，以12.79%排列于2018年中部六个省会城市的第二。南昌人口首位度次于合肥位列第三，是中部人口比重较高城市。表6-2对中部省会城市人口首位度与经济首位度等信息进行了统计。

表 6 - 2　　　　　中部省会人口首位度比较（2018 年）

指标	武汉	长沙	郑州	合肥	南昌	太原
常住人口（万）	1 108.1	815.47	1 013.6	808.7	554.55	442.14
人口首位度	0.1873	0.1182	0.1055	0.1279	0.1193	0.1189
经济首位度	0.3772	0.3021	0.2111	0.2607	0.2399	0.231
首位度偏离	- 0.1899	- 0.1839	- 0.1056	- 0.1328	- 0.1206	- 0.1121

资料来源：根据相应年份中国统计年鉴数据整理。

（三）综合比较结论

比较中部省会在经济和人口的首位度偏离，衡量人口规模与经济规模的排序差额。偏离度存在多种解释，从城市角度出发，通常表明城市经济发展与人口聚集直接的偏差，体现就业吸纳空间和经济增长潜力。本章聚焦于城市经济发展与流动人口吸纳，因此从中部六城的比较看，武汉的偏离度最高，侧面反映武汉在未来将提供较大就业机会，吸收更多人口；相比较而言，南昌略强于郑州和太原，偏离度处于中部的居中区间，具有较强发展弹性。

三、南昌作为省会城市发展中的问题

工业化和城镇化演进中南昌的问题，具有许多省会动态发展的共性，是城市竞争中问题的凝结和缩影。选择"辐射""吸收""协同"三个维度展开如下论述。

（一）增长极辐射力偏弱

"辐射"是通过现有基础对外施加影响推进演化。国家层面东部地区崛起，区域层面热点城市先行，"以点带面"的增长极驱动，是区域经济发展广为接受的模式。中部省会中，江西"增长极"南昌的牵引力和辐射力偏弱，这意味着南昌的引擎潜力尚待激发。比较中部省会经济和人口两个指标，南昌经济略强于太原，排名第五；人口优于经济首位度，优势尚未转化竞争力。从增长极辐射力出发，武汉是重要参照物；从发展潜力出发，南昌可借鉴珠三角和长三角路径，聚焦于激发人口与产业的动力机制。

（二）城镇化吸纳力不强

工业化与城镇化是我国经济发展的历史背景和推进路径，也是各区域经济崛起的时代契机。各大城市对吸纳人口已从城镇化早期的“勉为其难”转向“人才战争”，“人口红利”的消减加剧城市间人口争夺。通过提供就业岗位吸纳人口，既是自身产业扩展的客观需求，也是城市发展的正向引导。深圳 2008 年提出每年增加 20 万户籍人口，虽然入户门槛远低于北京、上海和广州等一线城市，但仍长期未能达成目标。吸纳高素质人口，对于城市竞争已越发重要。

江西当前的城镇化转型棋至中盘，面临着东部地区人口“虹吸”和省内城市分流。南昌 2018 年市辖区人口 300 余万人，规模超过太原；人口增速却低于武汉、合肥、长沙等城市。城市人口吸纳力影响因素较多，就业机会、公共服务及城市包容等。总之，城镇化演进中南昌吸纳力与辐射力偏弱，“增长极”的可持续发展力亟须提升。

（三）主体协同效率较低

此处“协同”指城市管理主体间协调、配合和互动效率。深圳为我国城市管理提供参照，包括微观层面流动人口管理、小企业注册和社会机构运营等，宏观层面区域发展规划、条块机构合作等，具有较高协同效率。当前南昌在一些方面协同不够，或制度滞后，或执行失真，或条块壁垒等，导致相关主体积极性下降，城市包容性不足；在经济发展中，则弱化城市品牌、城市形象与城市群构建。

协同机制构建属于上层建筑，本章仅立足微观层面协同。城市活力来源于微观个体，人口、企业、产业和机构间的高效互动，是促成城市活力与竞争力的动力与保障。内地城市在条块协同等方面大多存在效率问题，并非南昌独有。这意味着南昌更需成为率先打破壁垒实现转型的城市，拥有崛起先机。

四、提升南昌聚力发展的对策建议

目前工业化和城镇化进程中，碎片化思维、个案性措施与短期性政策难以实现城市可持续发展；客观上，组合型措施、配套性改革和连贯性政策成为城市发展的强烈需求。中部六个省会中，郑州以人口过千万人、GDP 超万亿元跨入发展新阶段，客观上具有许多值得其他省会借鉴之处。于南昌而言，结合前述问题，在此提出若干对策与建议。

（一）增大城市体量，增强极点辐射

现代城市体量是市场博弈的结果和原因。中部城市的头部是武汉和郑州，自然演化下必将强者更强。市场机制下不能也不可能以机械的行政方式推进，必须尊重和激励市场竞争与博弈。南昌面临城市竞争倒计时，快速增大南昌体量成为破局点。人口体量与经济体量成为两个互为支撑的着力点。经济体量依赖产业与产业群；人口体量来源于就业规模与经济增长。构建基于"城市—城市群—区域"梯级生态，必须确定省会之"核"，增强极点辐射强度与范围。

（二）抓住人口契机，推进城乡融合

我国城镇化正处于转型期，区域分化和城市分化将更加剧烈。踏准城镇化的节奏，抓住当前人口红利中大分流契机，利用城乡融合这个重要通道，实现南昌人口体的提升，是方向和思路。扩张南昌人口体量，一方面要扩展地理空间，获得更多腾挪空间；另一方面要提升"融合"效率，使空间、产业、服务和体系等维度的融合具有深度契合的运行机制。

（三）优化公共服务，提升资源效率

城市体量扩大伴随要素流入、激活和反应等多环节。要素既包括流动人口，也覆盖企业、技术、资本等；因此优化公共服务，提升资源效率成为提升南昌聚力的重要一环。城镇化过程中南昌人口体量扩张最重要的是优化公共服务。这是包括北上广深等城市在内的共同问题，其本质是城市管理效率的滞后，即对于经济、社会、文化和人口等问题发展速度预判错误与反应滞后。南昌若能把握契机，及时优化公共服务，从而提升资源效率，能在城市竞争之中领先一步。

（四）凝聚着力方向，促成亮点成面

激励制度的制定和执行，需要相互支撑配套，保持目标和方向的统一，成为南昌聚力提升和散点成面的重要保障。原则上，宏观战略方向层面需要省级明确，细化统筹层面需要市级，落实推进层面区域区级，尽可能聚合效力，避免交叉排斥。落实相应的节点目标，逐步推进点线面的发展节奏。

南昌新城建设有现成的优秀案例，红谷滩的规划与崛起就是实例。九龙湖和赣江新区要成为强市战略的重要支撑，仍需力度与策略的强化。从体量维度看，北京、上海在新城区建设中，以名校（附幼、附中、附小）和医院的优质公共服务资源渠道新城区建设的样本，可以成为南昌加速体量扩展的一个参照。

五、简要结论

城市发展没有万能模式，但城市间具有强者恒强的竞争机制。对于南昌和江西而言，提升南昌作为增长极的辐射效应，无论是城乡融合发展还是产业到产业群崛起，都是必经之路。在这个过程中，快速扩张人口和经济两个维度的体量，成为迫在眉睫的任务。虽然当前许多城市先后推出包含户籍在内的多项措施，但激发效率最高的公共服务板块差异较大，这可成为南昌城区扩张、人口增加和经济发展的重要支点。

第七章

全球抗疫：江西省经济社会发展的问题、思路与对策

2020 年席卷全球的新冠疫情，其发展规模、扩散速度、持续时间、冲击范围和影响深度远超预期。传统国际政治、经济、文化格局已然因之调整，必然伴随长期曲折博弈与演化。国外疫情蔓延扩散的同时，出现部分肆意编织、抹黑和妖魔化中国的现象，造成一定负面影响。叠加中美"贸易战"等因素，已对我国经济社会发展形成事实上的持续冲击。中共中央政治局会议提出"做好较长时间应对外部环境变化的思想准备和工作准备"，这是江西省在当前和未来一段时期，审视和斟酌经济社会发展问题、思路和战略选择的宏观背景。

习近平总书记在浙江考察时强调，要全面贯彻党中央各项决策部署，"统筹推进新冠肺炎疫情防控和经济社会发展工作"，"奋力实现今年经济社会发展目标任务"。"精准落实疫情防控和复工复产各项举措"是不可动摇的方向、目标和路径。危机同生并存，克服"危"即衍生"机"。要深入分析，全面权衡，准确识变、科学应变、主动求变，善于从眼前的危机、困难中捕捉和创造机遇。

与发达地区不同，江西省当前发展阶段和发展特性，决定了江西省经济发展对市场具有很强的空间需求和外向依赖。本章将基于宏观国际格局、国家经济动态和江西省发展挑战等维度，提出抗疫背景下江西省经济发展的迫切问题与对策建议。

一、长期抗疫：全球发展模式重塑

本次疫情冲击全球有多个层次的表现：第一层面是疫情的突如其来、不断扩散、长期无解；第二层面是许多国家应急措施滞后、低效与失序；第三层面是经济层面的产业链冲击、市场冲击到全球化抑制，已显然嵌入了政治和文化层面；第四层面是国际政治格局语境下的发展模式重塑。

国内智库对中美关系发展的演化判断，被事实证明过于乐观；中美贸易战开始之后，仍有许多幻想，这在一定程度上影响了战略判断和政策选择。疫情全球蔓延将诸多矛盾推出水面。若干宏观问题的研判，对于江西省经济发展的问题聚集和对策选择极其重要，即逆全球化、产业链重构、新资本中心崛起以及市场空间重配。严格意义上这不再是以往发展模式下的惯性延续或策略微调，而是新时期战略思维切换和发展理念重塑。

（一）逆全球化的市场壁垒

综合全球信息来看，逆全球化已然在进行中。布鲁金斯学会、兰德公司等欧美智库指出，包括意识形态差异、政治与社会发展演化催生的民粹兴起、产业链升级下的摩擦碰撞等，是其表现也是原因。逆全球化的趋势 2008 年金融危机时已暗流涌动，美国彼时已重新审视其制造业发展；特朗普当选后不断"退群"并推进制造业回流是具体执行；此次疫情将加速欧美国家的逆全球化行为。

聚焦经济发展层面，以美国为首的发达国家群体在逆全球化语境下将对我国经济科技发展形成挑战。直接冲击是市场壁垒，中期影响是技术壁垒，长期影响是根植于意识形态、国家政治和区域博弈的竞合形态与模式变化。从江西省的战略发展来看，发达国家市场壁垒将直接影响到当前和未来一段时间江西省的投资方向、产业结构和生产规模等。因此，这个宏观判断对于其他发展具有底层逻辑的现实价值。

（二）国际产业链的再调整

20 世纪末直到 21 世纪初，甚至包括武器制造领域，"造不如买"的观点仍然盛行。前期中美贸易战证明了关键产业中国依赖西方极其幼稚，此次疫情证明了国家在重要领域形成对外依赖将变得脆弱。疫情的长期性决定了抗疫必然是一场消耗战，背后支撑就是一个国家的工业化程度，而制造业是其核心。毫无疑问，虽然有成本约束，但国际产业链必然进行全球范围的重新调整。对于中国而言，这是必须面对的挑战。

发达国家正调整国际产业链。美国商务部、国务院和其他部委推动美国企业把外包业务和制造业迁出中国的方法主要有三种：税收优惠、迁移补贴、建立"可信任伙伴"联盟等。发达国家产业链撤出中国短期不现实，但必然冲击长期。我国目前已建立起相对完整的工业体系，中国制造是世界产业链中极其重要的一环。现阶段国际产业链的再调整必然对我国工业体系发展规划形成冲击。

（三）高科技产业竞争加剧

高科技产业具有巨大的战略价值、市场价值和民生价值，是当前发展阶段我国和欧美发达国家竞争的重要支点，也是中美贸易战的核心矛盾之一。此次疫情爆发后各国在应对过程中出现的多种问题，一方面会加剧国际上高科技领域的话语权和竞争性；另一方面也更加凸显其在当前和未来的重要性。

我国进入工业化和现代化晚于欧美发达国家。作为生产力和生产技术长期处于领先的中国，工业化迟到是鸦片战争后我国长时间受制于西方发达国家的直接约束。在党和政府的领导下，我国的全产业链制造基础，虽然拥有质量、规模、效率等多维度的实力，但在某些高精尖的核心领域仍有许多短板，已成为中美贸易战中的痛点。因此，未来时期这些痛点仍将成为高科技产业竞争加剧的载体；也将成为我国在进口替代甚至反超的重要领域。需要特别强调，这些领域同时也是高附加值、高投入风险和高市场利润的竞争领域，例如以芯片为核心的上下游产业链。

二、抗疫挑战：江西发展的核心问题

江西省近年经济发展超出国家平均水平。从统计数据看，目前正承受疫情影响。统计显示，2020 年一季度江西省生产总值 5 343.4 亿元，同比下降 3.8%。其中，第一、二、三产业同比下降 0.5%、6.7%、1.2%。第二产业的牵引力对产业链和就业市场非常重要，同时也是江西省经济的核心部分，显然受到较大冲击。具体地，社会消费品零售总额下降 11.9%，相比上年同期下降 23%；固定投资下降 4.3%，较上年同期下降 14.6%；民间投资下降 9.7%。由于具有医疗物资制造优势，江西省进出口总值在全球抗疫物质紧缺背景下增长 15.7%，其中出口增长 11.6%，增长 18.5 个百分点。

江西在工业化演进中的问题具有中西部省份的共性，也有动态发展中自身问题的凝结和缩影。全球疫情在宏观上改变世界经济格局、分工体系和产业链配置，未来将可能在这方向走得更远。基于发展视角审视宏观背景转换对江西的冲击，选择"市场""就业""人口"三个维度展开如下思考。

(一) 市场: 竞争格局调整

"入世"后基于国际市场的纵深, 我国从劳动密集型轻工业开始启动, 快速发展了制造业, 利用产业链优势在许多领域重塑了"made in China"。境内境外提供的"市场"纵深, 从"量"和"质"两个维度给予了中国制造升级契机; 现在的问题在于, 国际市场在未来相当一段时期被压缩。随着美国国内大选临近, 政党纷争、疫情扩散、种族冲突、意识形态冲击等, 美国政客不遗余力攻击我国, 同时拉拢印度、澳大利亚、加拿大等国家积极反华, 这是对世界共同抗疫需求的严重挫伤, 同时不利于世界经济的稳定和恢复。正因为如此, 目前世界银行评估全球2020年经济增长非常悲观, 预测中国可能是唯一的经济正增长的国家。我们需要把握好世界经济格局调整的契机, 当前也是江西重视和深耕国内市场的重要节点。如何在美国市场不断压缩背景下拓展江西制造在欧洲等市场的竞争力, 是当前江西需要从竞争格局调整中务实前向的功课。

(二) 就业: 新旧格局变化

疫情对全球经济形成了难以恢复的冲击, 这种冲击显然是"非平衡"性质。抗疫的直接行业, 如呼吸机、口罩、消毒水等, 业绩实现爆发性增长。江西省一季度出口暴增, 主要来源于口罩等抗疫物资的生产; 此外, 酒店、航空、旅游等行业遭到重大冲击, 很多企业被迫关门甚至倒闭, 直接影响到就业。

就业是国家和地区经济循环的核心, 也是所有劳动者作为个体融入现代社会的关键节点。工业化与城镇化是我国经济发展的历史背景和推进路径, 也是各区域经济崛起的时代契机。各大城市对就业从"勉为其难"转向"人才战争"。通过提供就业岗位吸纳人口, 既是自身产业扩展的客观需求, 也是城市发展的正向引导。疫情冲击下全国各地都面临就业问题, 虽然目前复工复产开展顺利, 但距离疫情前仍有差距。从全球的经济发展来看, 旅游业、娱乐业和其他一些劳动密集型产业受较大冲击。我国的抗疫成绩全球瞩目, 事实上已经率先从疫情中恢复秩序, 2020年1~6月的经济数据显示我国已经开始了逐渐拉升的经济增长趋势。具体到江西的发展情况来看, 虽然外贸出口数据显示超出上年同期, 但酒店、餐饮、影院等仍然处于破坏之中, 短期仍难以恢复到疫前水平。

江西的就业面临新旧格局的切换和调整。一方面, 江西城镇化演进已经进入了阶段转换的临界区，工业化也处于转型加速。在这个阶段，江西的人口面临东部发达地区的人口"虹吸"，省会又不足以集聚更大规模的人口，这必然通过就业传递形成负面反馈。以省会城市南昌的年末人口数据为例，2019 年南昌人口 560.6 万人，相比 2018 年末增加 5.5 万人，城市生长速度较慢。另一方面，2020 年的疫情冲击，很大程度上改变以往的传统经济增长模式、传统商业生态、传统企业定位等，这必然很大程度重塑以人口和就业为核心的城市发展模式，这也是江西就业面临的格局调整和切换。总而言之，不管生态、模式和方式的改变，落实在省域发展、城市发展和区域发展的层面，仍需以就业吸收人口，从而扩大城市规模。这个语境下，快速提升江西的"增长极"南昌势在必行且迫在眉睫。

（三）人口：空间配置变化

深化改革是当前我国解决外部问题和内部问题的重要思路。中美贸易战形成的国际交流困局，全球抗疫背景下部分西方政客对我国无底线攻击抹黑，以及部分别有用心的势力不断对我国内政问题指手画脚。破解诸多纷繁复杂又千丝万缕问题的核心思路，最终要回到"以我为主"，坚定"四个自信"。不断深化改革，不断推进自身发展，这是国家战略层面基本思路。江西在中部地区并非经济最强、面积最大、人口最多的省份，在区域经济竞赛的跑道中，也必须遵循梯度格局和发展规律。目前，在诸多的关键因素中，市场和就业依然是江西发展的平台和抓手；在核心城市发展层面，仍然将以"人口"为核心，在空间视角下解决人口配置的驱动、引导和利用等问题。人口集聚必然是人口在空间层面的集聚，即使在当前抗疫背景下，强调各种"云""非接触""5G""AI"等，人口聚集仍是当前和未来区域发展和城市发展的基础。人口流入在解决就业问题后，城市所能提供的社会公共服务的数量和质量，将成为吸引外来人口的重要因素。其中，相应职能部门定位和"协同"不可或缺。协同通常指城市管理主体间协调、配合和互动效率。协同不足必然导致相关主体积极性下降，城市包容性不足；在经济发展中，则弱化城市品牌、城市形象与城市群构建。这些方面的建设，深圳或可为我国城市管理提供借鉴和参照。

构建以吸纳人口为导向的社会公共服务协同机制，属于城市行政体制的上层建筑。当前已有许多学者对比研究沿海发达城市、发达省份与内陆城市、内陆省份,在人口抢夺、人才抢夺和人才利用的跑道,对应策略正不断迭代更替。"强者恒强"的马太效应不应该出现在区域竞争,却又最容易出现在区域竞争。因此,江西必须率先打破相关壁垒,梳理基于人口流动和人口集聚的重要节点,实现人口发展转型中更加有效的空间配置。

三、危中有机:江西发展的思路与对策

疫情给全球造成了冲击,并事实上损害了经济增长,改变了国际贸易格局与分工格局,也不可避免地加剧了一些国际矛盾。综合来看,中美两大经济体的关系直接影响未来的全球贸易格局,欧盟中的部分国家也将出现调整和分化。但是,有一个基本判断必须强调,中美脱钩也好,世界贸易格局重构也罢,全球没有任何一个国家或地区能够替代当前中国的世界工厂地位,即在同样成本下提供同样质量同样数量的产品。全球货币超发必然带来通货膨胀,维持西方发达国家购买力的客观基础,必须寻求更高效率的工业品生产国。全球仅有中国能够做到,这是我们展望未来和做出决策的基本现实。

江西发展的主要依托是国内市场,强调重视国内环境和国内市场,与不断拓展国际市场并不冲突。未来一段时间,我们主要精力将放在"内循环",也积极拓展"外循环",这是国家层面对疫情背景下经济发展的战略基调。2020年6月,我国在WTO关于市场经济地位问题的诉讼更加坚定了未来挖掘国内市场的方向。从自身发展趋势和发展阶段来看,持续深入推进工业化和城镇化是必然之路,并不因国际贸易格局变化、疫情冲击或中美脱钩之类冲击中断。因此,结合前文的相关分析,对江西在全球抗疫背景下的经济发展等方面,我们提出若干对策与建议。

(一)强化极点,提升辐射

规模优势是产业竞争和企业竞争的策略,这同样适用于现代区域竞争和城市竞争。从早期的圩镇经济,发展到城镇规模,再到当前下辖多区的城市经济,现代城市体量的不断扩张,也是市场博弈中商业模式发展的结果和原因。立足中部地区来看,中部省份头部是湖北和河南,中部省会的头部是武汉和郑州,市场机制下强者更强是客观规律。江西在此背景下,如何在中部赛道跳出,强化当前的"极点"城市,提升增长极的辐射力,是最简单、最直接同时也是必须选择的路径。没有强大的

"极点"，人口必然流失，投资也难以吸引，没有就业和产业，区域发展无从谈起。必须认识到，机械的行政方式推进区域发展效率很低。激活当前江西的各有关主体积极性，尊重和激励市场竞争与博弈，引导和维护相关经济关系的规范发展，是当前江西的重要工作。以重点城市南昌、赣州等为抓手，快速增大南昌和赣州两个城市的体量。南昌盘活下辖区，打通赣江新区，拓展新的空间接力点，提升赣北辐射力；赣州无疑选择积极融入粤港澳大湾区，赣深高铁的通车无疑从心理半径等维度缩小了赣粤空间距离。人口体量与经济体量作为两个互为支撑的着力点，需要通过市场机制贯通和激活。经济体量依赖产业与产业群；人口体量来源于就业规模与经济增长。因此，基于以上思路，当前江西迫切需要构建基于"城市—城市群—区域"梯级生态，提升省会之"核"的辐射力，增强赣州影响力，实现南昌和赣州"一南一北"双极点的辐射强度与范围。

（二）增大体量，城乡融合

工业化程度不够、工业化质量不够、工业化阶段不够，是许多地方农业化转型艰难的根源。东部沿海地区崛起后，中部其他省份如湖北、湖南等依次推进工业化转型，客观上加大江西工业化转型难度。工业化推进速度较慢，必然伴随城镇化效率不高，这是江西在区域竞争赛道中成绩不稳定的原因和结果。我国的宏观经济发展已转入"L"形，前期突飞猛进的阶段已经转入结构化调整阶段，区域分化和城市分化将更加剧烈。在当前这个阶段，江西需要坚定城镇化和工业化的战略方向，在方向的指引下踏准城镇化节奏，抓住当前人口红利中大分流契机，充分利用城乡融合通道，快速增大江西两个较大规模城市南昌和赣州的人口体量和经济体量。从提升和扩张城市人口体量的目标出发，需要建立一系列包括短期和长期在内的措施。总体上应该涵盖空间和效率，即一方面要扩展城市的地理空间，从而获得更多工业化发展的腾挪空间。具体参照城市如深圳和广州，在城市空间利用等方面有许多值得借鉴的经验与教训。另一方面要提升多元主体的"融合"效率，城乡融合、机构协同融合、社会公共服务融合等，这些"融合"的目的是通过降低交易成本实现经济发展，使空间、产业、服务和体系等维度的融合具有深度契合的运行机制。

（三）优化服务，提高效率

工业化和城镇化发展偏重于中长期的宏观，对接人口和就业的社会公共服务则是当下需要接近的微观问题。在短期内通过政策刺激实现城市体量扩大，伴随要素流动，最终能否嵌入区域经济发展，仍需许多配套设施，社会公共服务是其中必不可少的重要环节。从发展层面分析，要素包括人口、资金、技术、企业家、信息、生产设备等。所有要素落地于区域竞争层面，都将于自然人或法人等形式立足于城市。无疑，围绕"人"从管理视角转向"服务"视角，也是江西等内地区域落后于沿海发达地区的重要环节。优化社会公共服务，提升资源效率是提升城市竞争力的基础模块。以江西的南昌和赣州为例，在推进人口体量扩张中必须重视和强调公共服务的优化，在资源允许的条件下做到满意和优秀，其中教育、医疗和养老等服务最为重要。无疑，这些对于快速发展中的城市而言，是一种短期效益小却投入成本高的投资，但若将其视为工业化发展、城镇化转型和城市极点竞争的支点，思维将更加开阔。社会公共服务不足，这是包括北上广深等城市在内的共同问题，其本质是城市管理效率的滞后，即对于经济、社会、文化和人口等问题发展速度预判错误与反应滞后。南昌和赣州如果能把握契机，提供相对宽松和充裕的社会公共服务，最终能够在长期发展中获得反哺，短期也能在城市竞争之中领先一步。

（四）凝聚方向，连点成面

战略方向选定，通常需要时间周期，持续不断地推进中，也必然存在动态变化和内外冲击。保持目标和方向的统一，在中长期发展过程中尤其重要，是聚力提升和散点成面的重要保障。2020年是"十三五"收官年，也是"十四五"规划编制年。国家宏观战略方向动态调整之后，省级层面将随之相应调整。以往"五年计划"相比今年而言，大范围、高烈度、宽影响的冲击因素显然较少。中美脱钩、全球抗疫、世界产业链重构等因素，从宏观到中观，从长期到短期，都已经事实上打破以往发展模式，路径依赖不可持续。从省域发展视角来看，今年各区域层面将比以往更重视国家"十四五"规划的战略方向和发展目标，这是各省凝聚方向、着力发展的重要依托。

江西在区域建设方面，成功经验不多，但仍有闪光点。以省会南昌为例，红谷滩区的规划、建设和发展，堪称城市发展过程中规划引领实现崛起的榜样。但是，一个区的发展对于城市整体发展而言显然不够。南昌目前仍在推进九龙湖和赣江新区的建设，意图使其成为强市战略的重要支撑，但目前来看，发展节奏并不乐观。房价的过度增长消耗了城市规划所形成的区域发展助力，这也客观上依赖社会公共服务短板的弥补，从而回填由于房价过快增长形成的区域发展陷进。社会公共服务的类别选择，可以参考北京、上海、武汉、杭州等城市的新城区建设经验。其中，以名校（附幼、附中、附小）和医院的优质公共服务资源渠道新城区建设的样本，可以成为南昌加速体量扩展的一个参照。

四、简要结论

市场机制强调"看不见的手"，效率差异必然导致强者恒强。强化市场影响力的同时，也加速分化市场主体的竞争效率。这样机制同样存在于区域竞争和城市竞争。我国市场空间广阔，经济发展的梯级显著，省级的经济发展竞争不亚于欧盟内部各国。对于江西而言，当前无论是发展梯级、产业分工、城镇化程度还是企业利润水平等，相比中部其他省份也并无显著优势。2020年的疫情冲击全球，我国率先从疫情中复工复产并实现经济的反弹回升，这既是反思发展模式的契机，也是江西打开思路对接现阶段产业结构调整的契机。

江西需要坚定围绕"人口—就业—产业"为核心的发展思路，抓住新常态我国宏观发展的动态调整契机，以城镇化和工业化两个大方向，逐步推进省域和市域发展。当前的全球抗疫背景，与中美关系转向、世界贸易模式重构等，多种因素叠加，增加了江西发展的不确定因素和战略方向的被动调整概率。基于当前发展趋势，确定南昌和赣州作为增长极，不断增强和扩散其辐射效应，是江西现阶段发展的占优策略。推进两个热点城市发展，迫切需要快速扩张城市人口体量和城市空间体量，这就要求重视新型城镇化过程中的城乡融合发展和产业群崛起。人口流动、人才流动以及产业群打造的成功与否，离不开就业规模、就业质量和就业发展。"人口—就业—产业"的可持续发展，必然建立在具有竞争优势的社会公共服务基础之上。对于一个发展程度相比沿海发达地区而言显然落后的区域，江西需要坚定这一战略方向，这是以就业为核心，实现人口聚集的重要基础，同时也是经济发展的重要支点。

附录

附录1：我国人口发展速度数据（1954~2019年）

单位：‰

年份	出生率	死亡率	自然增长率	年份	出生率	死亡率	自然增长率
1954	37.97	13.18	24.79	1981	20.91	6.36	14.55
1955	32.60	12.28	20.32	1982	22.28	6.60	15.68
1956	31.90	11.40	20.50	1983	20.19	6.90	13.29
1957	34.03	10.80	23.23	1984	19.90	6.82	13.08
1958	29.22	11.98	17.24	1985	21.04	6.78	14.26
1959	24.78	14.59	10.19	1986	22.43	6.86	15.57
1960	20.86	25.43	-4.57	1987	23.33	6.72	16.61
1961	14.33	18.13	-3.80	1988	22.37	6.64	15.73
1962	37.22	10.08	27.14	1989	21.58	6.54	15.04
1963	43.60	10.10	33.50	1990	21.06	6.67	14.39
1964	39.34	11.56	27.78	1991	19.68	6.70	12.98
1965	38.00	9.50	28.50	1992	18.24	6.64	11.60
1966	35.21	8.87	26.34	1993	18.09	6.64	11.45
1967	34.12	8.47	25.65	1994	17.70	6.49	11.21
1968	35.75	8.25	27.50	1995	17.12	6.57	10.55
1969	34.25	8.06	26.19	1996	16.98	6.56	10.42
1970	33.59	7.64	25.95	1997	16.57	6.51	10.06
1971	30.74	7.34	23.40	1998	15.64	6.50	9.14
1972	29.92	7.65	22.27	1999	14.64	6.46	8.18
1973	28.07	7.08	20.99	2000	14.03	6.45	7.58
1974	24.95	7.38	17.57	2001	13.38	6.43	6.95
1975	23.13	7.36	15.77	2002	12.86	6.41	6.45
1976	20.01	7.29	12.72	2003	12.41	6.40	6.01
1977	19.05	6.91	12.12	2004	12.29	6.42	5.87
1978	18.25	6.25	12.00	2005	12.40	6.51	5.89
1979	17.82	6.21	11.61	2006	12.09	6.81	5.28
1980	18.21	6.34	11.87	2007	12.10	6.93	5.17

续表

年份	出生率	死亡率	自然增长率	年份	出生率	死亡率	自然增长率
2008	12.14	7.06	5.08	2014	12.37	7.16	5.21
2009	11.95	7.08	4.87	2015	12.07	7.11	4.96
2010	11.90	7.11	4.79	2016	12.95	7.09	5.86
2011	11.93	7.14	4.79	2017	12.43	7.11	5.32
2012	12.10	7.15	4.95	2018	10.94	7.13	3.81
2013	12.08	7.16	4.92	2019	10.48	7.14	3.34

注：数据来自历年中国统计年鉴。

附录2：我国按年龄和性别分人口数（2018年）

年龄	人口数（人）	男（人）	女（人）	占总人口比重（%）	男（人）	女（人）	性别比（女=100）
总计	1 144 648	585 299	559 349	100.00	51.13	48.87	104.64
0~4	67 393	35 887	31 506	5.89	3.14	2.75	113.91
5~9	63 322	34 279	29 043	5.53	2.99	2.54	118.03
10~14	62 248	33 775	28 473	5.44	2.95	2.49	118.62
15~19	58 258	31 552	26 706	5.09	2.76	2.33	118.14
20~24	68 050	36 085	31 965	5.95	3.15	2.79	112.89
25~29	92 977	47 710	45 268	8.12	4.17	3.95	105.39
30~34	93 201	46 843	46 358	8.14	4.09	4.05	101.05
35~39	81 886	41 517	40 370	7.15	3.63	3.53	102.84
40~44	83 574	42 557	41 017	7.30	3.72	3.58	103.75
45~49	102 384	52 108	50 276	8.94	4.55	4.39	103.64
50~54	96 850	48 939	47 911	8.46	4.28	4.19	102.15
55~59	69 844	35 208	34 636	6.10	3.08	3.03	101.65
60~64	68 014	34 092	33 923	5.94	2.98	2.96	100.50
65~69	54 799	26 974	27 825	4.79	2.36	2.43	96.94
70~74	34 810	16 905	17 905	3.04	1.48	1.56	94.42
75~79	22 799	10 745	12 054	1.99	0.94	1.05	89.15
80~84	14 845	6 457	8 389	1.30	0.56	0.73	76.97
85~89	6 902	2 870	4 033	0.60	0.25	0.35	71.16
90~94	2 031	665	1 365	0.18	0.06	0.12	48.74
95+	458	131	327	0.04	0.01	0.03	40.07

注：根据2017年全国人口变动情况抽样调查样本数据，抽样比为0.820‰

附录 3：中部地区城乡分布部分数据（2007～2019 年）

指标	省份	2007年	2008年	2009年	2010年	2011年	2012年	2013年	2014年	2015年	2016年	2017年	2018年	2019年
城镇人口数（万人）	山西	1 494	1 539	1 576	1 717	1 785	1 851	1 908	1 962	2 016	2 070	2 123	2 172	2 221
	安徽	2 368	2 485	2 581	2 562	2 674	2 784	2 886	2 990	3 103	3 221	3 346	3 458	3 553
	江西	1 739	1 820	1 914	1 966	2 051	2 140	2 210	2 281	2 357	2 438	2 524	2 603	2 679
	河南	3 214	3 397	3 577	3 621	3 809	3 991	4 123	4 265	4 441	4 623	4 795	4 967	5 129
	湖北	2 525	2 581	2 631	2 847	2 984	3 092	3 161	3 238	3 327	3 419	3 500	3 568	3 615
	湖南	2 571	2 689	2 767	2 845	2 975	3 097	3 209	3 320	3 452	3 599	3 747	3 865	3 959
城镇人口占比（%）	山西	44	45	46	48	50	51	53	54	55	56	57	58	60
	安徽	39	41	42	43	45	47	48	49	51	52	5	55	56
	江西	40	41	43	44	46	48	49	50	52	53	55	56	57
	河南	34	36	38	39	41	42	44	45	47	49	50	52	53
	湖北	44	45	46	50	52	54	55	56	57	58	59	60	61
	湖南	40	42	43	43	45	47	48	49	51	53	55	56	57
乡村人口数（万人）	山西	1 899	1 872	1 851	1 857	1 808	1 760	1 722	1 686	1 648	1 612	1 579	1 546	1 508
	安徽	3 750	3 650	3 550	3 395	3 294	3 204	3 144	3 093	3 041	2 975	2 909	2 865	2 813
	江西	2 630	2 580	2 518	2 496	2 437	2 364	2 312	2 261	2 209	2 154	2 098	2 044	1 987
	河南	6 146	6 032	5 910	5 784	5 579	5 415	5 290	5 171	5 039	4 909	4 764	4 638	4 511
	湖北	3 174	3 130	3 089	2 881	2 774	2 687	2 638	2 578	2 525	2 466	2 402	2 349	2 312
	湖南	3 784	3 691	3 639	3 725	3 621	3 542	3 482	3 417	3 331	3 223	3 113	3 034	2 960

续表

指标	省份	2007 年	2008 年	2009 年	2010 年	2011 年	2012 年	2013 年	2014 年	2015 年	2016 年	2017 年	2018 年	2019 年
乡村人口占比（%）	山西	56	55	54	52	50	49	47	46	45	44	43	42	41
	安徽	61	60	58	57	55	54	52	51	50	48	47	45	44
	江西	60	59	57	56	54	52	51	50	48	47	45	44	43
	河南	66	64	62	62	59	58	56	55	53	52	50	48	47
	湖北	56	55	54	50	48	47	45	44	43	42	41	40	39
	湖南	60	58	57	57	55	53	52	51	49	47	45	44	43
常住人口（万人）	山西	3 427	3 574	3 593	3 611	3 630	3 648	3 664	3 682	3 702	3 718	3 729	3 427	3 574
	安徽	6 131	5 957	5 968	5 988	6 030	6 083	6 144	6 196	6 255	6 324	6 366	6 131	5 957
	江西	4 432	4 462	4 488	4 504	4 522	4 542	4 566	4 592	4 622	4 648	4 666	4 432	4 462
	河南	9 487	9 405	9 388	9 406	9 413	9 436	9 480	9 532	9 559	9 605	9 460	9 487	9 405
	湖北	5 720	5 728	5 758	5 779	5 799	5 816	5 851	5 885	5 902	5 917	5 927	5 720	5 728
	湖南	6 406	6 570	6 596	6 639	6 691	6 737	6 783	6 822	6 860	6 899	6 918	6 406	6 570

注：本表是基于历年全国 1% 人口抽样调查样本数据，抽样比为 1.55%，数据来自 EPS。

附录 4：中部地区部分人口发展数据（2009～2019 年）

指标	省份	2009 年	2010 年	2011 年	2012 年	2013 年	2014 年	2015 年	2016 年	2017 年	2018 年	2019 年
人口出生率（‰）	山西	10.87	10.68	10.47	10.70	10.81	10.92	9.98	10.29	11.06	9.63	9.12
	江西	13.87	13.72	13.48	13.46	13.19	13.24	13.20	13.45	13.79	13.43	12.59
	安徽	13.07	12.70	12.23	13.00	12.88	12.86	12.92	13.02	14.07	12.41	12.03
	河南	11.45	11.52	11.56	11.87	12.27	12.80	12.70	13.26	12.95	11.72	11.02
	湖北	9.48	10.36	10.39	11.00	11.08	11.86	10.74	12.04	12.60	11.54	11.35
	湖南	13.05	13.10	13.35	13.58	13.50	13.52	13.58	13.57	13.27	12.19	10.39
人口死亡率（‰）	山西	5.98	5.38	5.61	5.83	5.57	5.93	5.56	5.52	5.45	5.32	5.85
	江西	5.98	6.06	5.98	6.14	6.28	6.26	6.24	6.16	6.08	6.06	6.03
	安徽	6.60	5.95	5.91	6.14	6.06	5.89	5.94	5.96	5.90	5.96	6.04
	河南	6.46	6.57	6.62	6.71	6.76	7.02	7.05	7.11	6.97	6.80	6.84
	湖北	6.00	6.02	6.01	6.12	6.15	6.96	5.83	6.97	7.01	7.00	7.08
	湖南	6.94	6.70	6.80	7.01	6.96	6.89	6.86	7.01	7.08	7.08	7.28

续表

指标	省份	2009 年	2010 年	2011 年	2012 年	2013 年	2014 年	2015 年	2016 年	2017 年	2018 年	2019 年
自然增长率（‰）	山西	4.89	5.30	4.86	4.87	5.24	4.99	4.42	4.77	5.61	4.31	3.27
	江西	7.89	7.66	7.50	7.32	6.91	6.98	6.96	7.29	7.71	7.37	6.56
	安徽	6.47	6.75	6.32	6.86	6.82	6.97	6.98	7.06	8.17	6.45	5.99
	河南	4.99	4.95	4.94	5.16	5.51	5.78	5.65	6.15	5.98	4.92	4.18
	湖北	3.48	4.34	4.38	4.88	4.93	4.90	4.91	5.07	5.59	4.54	4.27
	湖南	6.11	6.40	6.55	6.57	6.54	6.63	6.72	6.56	6.19	5.11	3.11
老年人口抚养比（%）	山西	10.83	10.06	10.21	10.44	10.45	11.12	12.13	11.45	11.92	12.10	13.53
	江西	11.55	10.78	10.75	11.49	12.63	13.20	13.04	13.87	14.21	15.30	16.15
	安徽	14.38	14.20	14.65	14.42	14.83	14.53	15.74	16.15	19.14	19.07	18.21
	河南	12.35	11.83	12.49	12.49	12.70	12.46	14.24	14.57	15.88	16.10	16.52
	湖北	13.50	11.80	13.38	14.32	13.18	13.90	15.27	15.87	17.00	16.95	17.00
	湖南	15.61	13.46	14.63	15.81	14.85	15.35	15.95	17.01	17.53	17.25	17.54

注：数据来自历年中国统计年鉴。

参 考 文 献

［1］蔡昉、都阳、王美艳：《户籍制度与劳动力市场保护》，载《经济研究》2001 年第 12 期。

［2］蔡昉、都阳、王美艳：《经济发展方式转变与节能减排内在动力》，载《经济研究》2008 年第 6 期。

［3］蔡昉：《劳动力迁移的两个过程及其制度障碍》，载《社会学研究》2001 年第 4 期。

［4］蔡昉：《人口、资源与环境：中国可持续发展的经济分析》，载《中国人口科学》1996 年第 6 期。

［5］蔡昉：《人口与计划生育管理机制改革的理论思考》，载《中国人口科学》2001 年第 6 期。

［6］蔡昉：《人口转变、人口红利与经济增长可持续性——兼论充分就业如何促进经济增长》，载《人口研究》2004 年第 2 期。

［7］蔡昉：《人口转变、人口红利与刘易斯转折点》，载《经济研究》2010 年第 4 期。

［8］陈岱云、胡令安：《21 世纪初中国人口的生育观念——基于对山东省一项问卷调查的研究》，载《清华大学学报（哲学社会科学版）》2011 年第 5 期。

［9］陈恩：《全国"失独"家庭的规模估计》，载《人口与发展》2013 年第 6 期。

［10］陈佳贵、黄群慧、钟宏武：《中国地区工业化进程的综合评价和特征分析》，载《经济研究》2006 年第 6 期。

［11］陈俐：《中国出生婴儿性别比的现状分析和对策》，载《人口学刊》2004 年第 2 期。

［12］陈明星、陆大道、张华：《中国城市化水平的综合测度及其动力因子分析》，载《地理学报》2009 年第 4 期。

［13］陈赛权：《中国养老模式研究综述》，载《人口学刊》2000 年

第 3 期。

[14] 陈映芳：《"农民工"：制度安排与身份认同》，载《社会学研究》2005 年第 3 期。

[15] 陈友华：《二孩政策地区经验的普适性及其相关问题——兼对"21 世纪中国生育政策研究"的评价》，载《人口与发展》2009 年第 1 期。

[16] 陈钊、陆铭、金煜：《中国人力资本和教育发展的区域差异：对于面板数据的估算》，载《世界经济》2004 年第 12 期。

[17] 崔功豪、马润潮：《中国自下而上城市化的发展及其机制》，载《地理学报》1999 年第 2 期。

[18] 邓维杰：《精准扶贫的难点、对策与路径选择》，载《农村经济》2014 年第 6 期。

[19] 杜鹏、翟振武、陈卫：《中国人口老龄化百年发展趋势》，载《人口研究》2005 年第 6 期。

[20] 段成荣、吕利丹、郭静、王宗萍：《我国农村留守儿童生存和发展基本状况——基于第六次人口普查数据的分析》，载《人口学刊》2013 年第 3 期。

[21] 冯健、周一星、程茂吉：《南京市流动人口研究》，载《城市规划》2001 年第 1 期。

[22] 顾宝昌：《论社会经济发展和计划生育在我国生育率下降中的作用》，载《中国人口科学》1987 年第 2 期。

[23] 顾宝昌：《论中国计划生育的改革》，载《人口研究》2002 年第 3 期。

[24] 顾朝林、陈田、丁金宏、虞蔚：《中国大城市边缘区特性研究》，载《地理学报》1993 年第 4 期。

[25] 郭剑雄：《人力资本、生育率与城乡收入差距的收敛》，载《中国社会科学》2005 年第 3 期。

[26] 郭凯明、余靖雯、龚六堂：《计划生育政策、城镇化与经济增长》，载《金融研究》2015 年第 11 期。

[27] 郭志刚、李剑钊：《农村二孩生育间隔的分层模型研究》，载《人口研究》2006 年第 4 期。

[28] 郭志刚：《人口、资源、环境与经济发展之间关系的初步理论思考》，载《人口与经济》2000 年第 6 期。

[29] 郭志刚：《中国的低生育率与被忽略的人口风险》，载《国际经济评论》2010 年第 6 期。

[30] 华东政法大学生育权和人权课题组：《关于生育权和人权的思考》，载《法学杂志》2009 年第 8 期。

[31] 黄江涛、余森泉、王奇玲、俞小英：《广东省城市流动人口年轻女性避孕现况调查》，载《中国计划生育学杂志》2004 年第 11 期。

[32] 黄金川、方创琳：《城市化与生态环境交互耦合机制与规律性分析》，载《地理研究》2003 年第 2 期。

[33] 简新华、黄锟：《中国城镇化水平和速度的实证分析与前景预测》，载《经济研究》2010 年第 3 期。

[34] 江立华：《城市流动人口计划生育的管理模式：问题与对策》，载《华中师范大学学报（人文社会科学版）》2004 年第 3 期。

[35] 江小涓、李辉：《服务业与中国经济：相关性和加快增长的潜力》，载《经济研究》2004 年第 1 期。

[36] 姜向群：《计划生育与我国人口老龄化及老年人问题》，载《人口研究》1996 年第 6 期。

[37] 姜秀花：《社会性别视角在人口学领域的渗透——"中国现代化进程中的人口迁移流动与城市化学术研讨会"中"女性与人口迁移流动"专题论坛观点综述》，载《妇女研究论丛》2004 年第 4 期。

[38] 靳永爱、宋健、陈卫：《全面二孩政策背景下中国城市女性的生育偏好与生育计划》，载《人口研究》2016 年第 6 期。

[39] 邝利芬、程同顺：《"全面二孩"生育政策下女性基本权利的保障——基于性别公正的视角》，载《天津行政学院学报》2016 年第 4 期。

[40] 李博涵：《单独二胎政策的出台对我国人口规模及结构的影响研究》，载《知识经济》2014 年第 2 期。

[41] 李建新、丁立军：《"污名化"的流动人口问题》，载《社会科学》2009 年第 9 期。

[42] 李建新：《论生育政策与中国人口老龄化》，载《人口研究》2000 年第 2 期。

[43] 李克强：《协调推进城镇化是实现现代化的重大战略选择》，载《行政管理改革》2012 年第 11 期。

[44] 李培林：《流动民工的社会网络和社会地位》，载《社会学研究》1996 年第 4 期。

[45] 李平、李秀彬、刘学军：《我国现阶段土地利用变化驱动力的宏观分析》，载《地理研究》2001 年第 2 期。

[46] 李强、陈宇琳、刘精明：《中国城镇化"推进模式"研究》，载《中国社会科学》2012 年第 7 期。

[47] 李强、唐壮：《城市农民工与城市中的非正规就业》，载《社会学研究》2002 年第 6 期。

[48] 李强：《影响中国城乡流动人口的推力与拉力因素分析》，载《中国社会科学》2003 年第 1 期。

[49] 李实：《中国农村劳动力流动与收入增长和分配》，载《中国社会科学》1999 年第 2 期。

[50] 李硕雅：《从全国第六次人口普查看我国人口问题》，载《经济论坛》2012 年第 1 期。

[51] 李文星、徐长生、艾春荣：《中国人口年龄结构和居民消费：1989—2004》，载《经济研究》2008 年第 7 期。

[52] 李雄军、姚树洁：《计划生育、城市化与我国房地产市场的发展》，载《当代经济科学》2011 年第 5 期。

[53] 梁济民：《论中国人口素质》，载《人口研究》2004 年第 1 期。

[54] 刘强：《中国经济增长的收敛性分析》，载《经济研究》2001 年第 6 期。

[55] 刘彦随、刘玉：《中国农村空心化问题研究的进展与展望》，载《地理研究》2010 年第 1 期。

[56] 刘智勇、李孜、炼武、时俊新、石淑华、刘毅东、段建华、黄锦辉、郭艳平：《广州市流动人口生殖健康服务与利用现况研究》，载《中国妇幼保健》2008 年第 1 期。

[57] 陆铭、陈钊：《城市化、城市倾向的经济政策与城乡收入差距》，载《经济研究》2004 年第 6 期。

[58] 吕红平、王金营：《关于人口、资源与环境经济学的思考》，载《人口研究》2001 年第 5 期。

[59] 马瀛通：《出生人口性别比失调与从严控制人口中的误导与失误》，载《中国人口科学》2005 年第 2 期。

[60] 马瀛通：《人口红利与日俱增是 21 世纪中国跨越式发展的动力》，载《中国人口科学》2007 年第 1 期。

[61] 孟斌、王劲峰、张文忠、刘旭华：《基于空间分析方法的中国

区域差异研究》，载《地理科学》2005 年第 4 期。

[62] 穆光宗、陈卫：《中国的人口转变：历程、特点和成因》，载《开放时代》2001 年第 1 期。

[63] 穆光宗、张团：《我国人口老龄化的发展趋势及其战略应对》，载《华中师范大学学报（人文社会科学版）》2011 年第 5 期。

[64] 穆光宗：《老龄人口的精神赡养问题》，载《中国人民大学学报》2004 年第 4 期。

[65] 穆光宗：《人口优化理论初探》，载《北京大学学报（哲学社会科学版）》2012 年第 5 期。

[66] 倪鹏飞：《新型城镇化的基本模式、具体路径与推进对策》，载《江海学刊》2013 年第 1 期。

[67] 彭水军、包群：《经济增长与环境污染——环境库兹涅茨曲线假说的中国检验》，载《财经问题研究》2006 年第 8 期。

[68] 彭玉生：《当正式制度与非正式规范发生冲突：计划生育与宗族网络》，载《社会》2009 年第 1 期。

[69] 乔晓春：《关于 21 世纪中国生育政策研究的思考》，载《人口研究》1999 年第 2 期。

[70] 任远、邬民乐：《城市流动人口的社会融合：文献述评》，载《人口研究》2006 年第 3 期。

[71] 石智雷：《计划生育政策对家庭发展能力的影响及其政策含义》，载《公共管理学报》2014 年第 4 期。

[72] 宋健：《中国的独生子女与独生子女户》，载《人口研究》2005 年第 2 期。

[73] 孙中和：《中国城市化基本内涵与动力机制研究》，载《财经问题研究》2001 年第 11 期。

[74] 田雪原：《人口、资源、环境可持续发展宏观与决策选择》，载《人口研究》2001 年第 4 期。

[75] 万广华、陆铭、陈钊：《全球化与地区间收入差距：来自中国的证据》，载《中国社会科学》2005 年第 3 期。

[76] 汪三贵、郭子豪：《论中国的精准扶贫》，载《贵州社会科学》2015 年第 5 期。

[77] 汪伟：《计划生育政策的储蓄与增长效应：理论与中国的经验分析》，载《经济研究》2010 年第 10 期。

［78］王春光：《农村流动人口的"半城市化"问题研究》，载《社会学研究》2006年第5期。

［79］王春光：《新生代农村流动人口的社会认同与城乡融合的关系》，载《社会学研究》2001年第3期。

［80］王德文、蔡昉、张学辉：《人口转变的储蓄效应和增长效应——论中国增长可持续性的人口因素》，载《人口研究》2004年第5期。

［81］王国强：《关于完善我国人口政策的思考》，载《人口与计划生育》2005年第1期。

［82］王琳、邬沧萍：《聚焦中国农村老年人贫困化问题》，载《社会主义研究》2006年第2期。

［83］王小鲁、樊纲：《中国地区差距的变动趋势和影响因素》，载《经济研究》2004年第1期。

［84］王小鲁：《中国城市化路径与城市规模的经济学分析》，载《经济研究》2010年第10期。

［85］魏众：《健康对非农就业及其工资决定的影响》，载《经济研究》2004年第2期。

［86］邬沧萍、王琳、苗瑞凤：《从全球人口百年（1950～2050）审视我国人口国策的抉择》，载《人口研究》2003年第4期。

［87］邬沧萍：《人口始终是我国经济持续增长中的一个重大问题》，载《人口研究》2006年第2期。

［88］武俊青、姜综敏、李成福、李昊：《我国流动人口的避孕节育现况》，载《人口与发展》2008年第1期。

［89］徐水源：《关于流动人口问题的几点思考》，载《人口与计划生育》2005年第5期。

［90］杨建芳、龚六堂、张庆华：《人力资本形成及其对经济增长的影响——一个包含教育和健康投入的内生增长模型及其检验》，载《管理世界》2006年第5期。

［91］杨菊华：《从隔离、选择融入到融合：流动人口社会融入问题的理论思考》，载《人口研究》2009年第1期。

［92］杨子慧、萧振禹：《流动人口与城市化》，载《人口与经济》1996年第5期。

［93］姚士谋、张平宇、余成、李广宇、王成新：《中国新型城镇化理论与实践问题》，载《地理科学》2014年第6期。

[94] 袁志刚、宋铮：《人口年龄结构、养老保险制度与最优储蓄率》，载《经济研究》2000年第11期。

[95] 原新：《我国人口老龄化面临的形势与问题》，载《理论视野》2007年第9期。

[96] 原新：《我国生育政策演进与人口均衡发展——从独生子女政策到全面二孩政策的思考》，载《人口学刊》2016年第5期。

[97] 湛中乐、苏宇：《中国计划生育、人口发展与人权保护》，载《人口与发展》2009年第5期。

[98] 张维迎、柯荣住：《信任及其解释：来自中国的跨省调查分析》，载《经济研究》2002年第10期。

[99] 张文宏、雷开春：《城市新移民社会融合的结构、现状与影响因素分析》，载《社会学研究》2008年第5期。

[100] 张翼：《中国人口控制政策的历史变化与改革趋势》，载《广州大学学报（社会科学版）》2006年第8期。

[101] 张占斌：《新型城镇化的战略意义和改革难题》，载《国家行政学院学报》2013年第1期。

[102] 赵延东、王奋宇：《城乡流动人口的经济地位获得及决定因素》，载《中国人口科学》2002年第4期。

[103] 赵耀辉：《中国农村劳动力流动及教育在其中的作用——以四川省为基础的研究》，载《经济研究》1997年第2期。

[104] 郑真真：《从家庭和妇女的视角看生育和计划生育》，载《中国人口科学》2015年第2期。

[105] 周福林：《我国城乡居民分年龄、性别和受教育程度的生育意愿研究》，载《西北人口》2005年第4期。

[106] World Bank. World Development Indicators [R]. 2014.

[107] World Bank. Global economic prospects [R]. 2018.

[108] United Nations. World Population Prospects (The 2008 Revision.) [R]. 2015.

[109] Organisation for Economic Co-operation and Development (OECD). OECD Economic Surveys [R]. 2005.